# Manual del huerto urbano y ecológico para principiantes

Convierte tu terraza o jardín en una huerta sostenible y de proximidad

Enrique Arriols

# Índice

# 1. Introducción

Este libro ofrece una visión general del huerto urbano y ecológico a aquellas personas que se aproximan por primera vez a esta forma de agricultura. Ofrece un contenido amplio y profundo sobre el tema, destinado a dotar al lector de los conocimientos necesarios para poder poner en marcha su propio huerto urbano siguiendo las técnicas ecológicas que caracterizan este tipo de agricultura.

Gracias a este libro el lector aprenderá qué es un huerto urbano y un huerto ecológico, cómo diseñar su propio huerto acorde al espacio disponible, qué elementos hay que tener en cuenta respecto a la siembra y la cosecha de los cultivos, cómo asegurar el correcto crecimiento de las plantas, cuáles son las principales amenazas a las que se enfrenta un huerto de estas características, así como las peculiaridades de algunos de los cultivos más comunes. Además, también aprenderá el valor y la importancia que tiene la agricultura ecológica en su conjunto. No solo como modo de producción de alimentos sanos y nutritivos, sino también como actividad que restablece los lazos de unión entre el ser humano y la naturaleza, y el respeto por el medio ambiente.

Al tratarse de un manual, este libro puede leerse de manera lineal o yendo directamente a la parte que interesa al lector en cada momento. No obstante, una primera lectura lineal aportará los conocimientos básicos necesarios para entender algunos conceptos que se tratan en los últimos capítulos, por lo que es muy recomendable a la hora de obtener una visión global sobre el tema.

El objetivo de este libro es aportar al agricultor neófito los conocimientos generales y básicos necesarios para saber sacar adelante su propio huerto urbano según las técnicas ecológicas. Sin duda, al tratarse de un manual para principiantes, hay temas y cuestiones que no son tratados con toda la profundidad que podrían dar de sí. No obstante, sí que aporta la información suficiente como para convertirse en una herramienta útil y práctica a la hora de solucionar las cuestiones más habituales que pueden surgir en la práctica de la agricultura urbana y ecológica.

En definitiva, se trata de un libro de referencia al que acudir siempre que se tengan dudas o problemas en el huerto, ya sea una gran extensión de suelo o un humilde huerto de macetas en un balcón.

Ahora sí, ¡comenzamos!

# 2. Qué son los huertos urbanos y ecológicos

Antes de empezar con la parte práctica, vamos a hacer una pequeña introducción a la teoría.

En los últimos años, la proliferación de los huertos urbanos y de los huertos ecológicos ha sido considerable. Existen varias causas que lo explican. Sin embargo, aunque mucha gente pueda pensar que se trata de una simple moda, la realidad es que se trata de algo mucho más profundo.

## Huertos urbanos: mucho más que una moda

Durante la mayor parte de la historia del ser humano, este ha vivido en armonía y contacto directo con la naturaleza. Sin embargo, poco a poco, esta armonía y contacto se han ido perdiendo de manera gradual.

En la actualidad, la mayoría de seres humanos viven rodeados de hormigón, en grandes núcleos urbanos y a gran distancia de espacios naturales en cualquiera de sus formas. Sin embargo, a pesar de la vida moderna, el ser humano sigue siendo parte de la naturaleza, no algo ajeno a ella. Por ello, de forma recurrente, siempre busca restablecer esos lazos que lo vinculan con el planeta.

En la actualidad, el calentamiento global y la degradación del medio ambiente, consecuencias directas de la actividad humana, amenazan no solo la propia supervivencia del ser humano, sino también a muchas otras especies de la Tierra. Esto ha hecho reaccionar a gran parte de la población mundial en forma de un creciente movimiento ecologista que busca, en la medida de lo posible, reparar el daño causado y minimizar cualquier nuevo posible impacto que la actividad humana tenga en el planeta.

*Los huertos urbanos permiten crear espacios naturales perfectamente integrados en el entorno de las ciudades.*

Dentro de esta tesitura es donde han proliferado los huertos urbanos como una forma de retomar el contacto con la naturaleza y con los ciclos biológicos.

Por estas razones podría decirse que los huertos urbanos están de moda. Sin embargo, también es igual de cierto que se trata de una tendencia surgida como respuesta a algo muy concreto y que va mucho más allá de una simple moda pasajera. Es decir, no se trata de un simple eslabón más en la cadena de tendencias que se suceden unas a otras de forma continua y arbitraria. Por el contrario, se trata de una respuesta lógica ante el distanciamiento que el ser humano actual experimenta como consecuencia de la vida moderna y "desnaturalizada".

Por supuesto que construir huertos urbanos no es la única respuesta posible ante esta situación. Pero sí una de las más reconfortantes y directas. Permite reencontrarse con la naturaleza en un pequeño trozo de tierra, pero también ver crecer y prosperar algo que se trabaja y se mima con cariño. Algo que, además, termina siendo nuestro propio alimento.

De esta forma, aunque se puede afirmar que los huertos urbanos están de moda, es importante entender toda la carga emocional y moral que hay detrás. Se trata de una forma de restablecer los lazos con la naturaleza, con sus ciclos biológicos y con la tradición de cultivar nuestros propios alimentos. Una de las muchas formas posibles de reaccionar contra un estilo de vida que nos ha abocado a una crisis climática sin precedentes y que tendremos que solucionar en los próximos años. Al menos, si queremos sobrevivir en este planeta. O, mejor dicho, si queremos sobrevivir "humanamente" en este planeta.

## Qué es un huerto urbano

Los huertos urbanos pueden encajar en una definición bastante amplia. En términos generales, lo que los hace diferentes a los cultivos que podríamos denominar como tradicionales es su ubicación. Los huertos urbanos son aquellos que se ubican en el centro o en la periferia de las ciudades.

Los huertos urbanos pueden tener tamaños muy variados, desde pequeñas macetas a suelos de cultivo de muchos metros cuadrados. Están destinados al cultivo de hortalizas de muchos tipos diferentes: verduras, frutas, legumbres, cereales, hierbas aromáticas, etc. Aunque la variedad de plantas que pueden albergar es casi infinita.

Además, otro elemento que pone de manifiesto la flexibilidad de este tipo de huertos es que se pueden ubicar tanto en exterior como en interior. En el caso de los exteriores, lo más común es hacerlo en un jardín, terraza o incluso sobre el alféizar de una ventana; mientras que en el caso de los interiores, lo más habitual es hacerlo en macetas que se ubican cerca de una ventana, y que pueden situarse directamente en el suelo, o en estructuras verticales para aprovechar mejor el espacio.

Lo más habitual al hablar de huertos urbanos es que se trate de un tipo de cultivo a escala doméstica. Lo más común es que este tipo de huertos estén pensados para el autoconsumo. Sin embargo, también se pueden encontrar casos en los que, si la producción es suficientemente grande, permitan superar el autoconsumo y que gran parte de sus productos se puedan destinar al comercio.

## Huertos urbanos habituales

Todo lo anterior hace que existan muchos tipos de huertos urbanos. Algunos de los más comunes son los siguientes:

- **Huerto municipal o comunitario:** Se trata de huertos que gestiona un ayuntamiento o una comunidad (por ejemplo, una asociación de vecinos). Por lo general, se instalan en suelos que el ayuntamiento alquila o cede para este uso. La parcela suele dividirse en terrenos más pequeños para que cada persona o vecino que colabora en el proyecto tenga su propio espacio para cultivar sus propias hortalizas.

- **Huerto escolar:** Este tipo de huerto urbano se ubica en centros escolares o culturales que disponen de terrenos aptos para este tipo de proyectos. Lo más habitual es que los productos se utilicen en el comedor del colegio o se repartan entre los usuarios del centro. Tienen una función eminentemente didáctica y de concienciación.

- **Huerto periurbano:** Este tipo de huertos urbanos suelen ser más grandes que los demás, lo que requiere mayor espacio y explica que se sitúen a las afueras de las ciudades y los grandes núcleos de población. Su objetivo principal es ofrecer productos de proximidad y con una baja huella de carbono. Es decir, suelen estar pensados para poder comerciar con su producción.

- **Huerto doméstico:** Son los que se construyen en casa y están destinados principalmente para el autoconsumo. Suelen ubicarse tanto en jardines como patios con bancales o suelo cultivable. No obstante, cada vez es más común verlos en terrazas, balcones y ventanas de pisos y apartamentos.

- **Huerto maceta:** Son muy similares a los huertos domésticos pero a una escala más pequeña. Se caracterizan por no disponer de suelo cultivable, por lo que este soporte se sustituye por macetas. Pueden ubicarse en diversos sitios como patios solados, azoteas, terrazas, balcones, ventanas o incluso en interiores.

En la mayoría de los casos, los huertos urbanos no representan la actividad principal de sus cuidadores, sino que se trata de una actividad complementaria a su trabajo. Además, lo más habitual es que estén destinados al autoconsumo y enfocados a una escala doméstica o vecinal.

*Los huertos urbanos son una herramienta perfecta para enseñar a los niños los ciclos de la naturaleza y el respeto por el medio ambiente.*

## Qué es un huerto ecológico

Además del huerto urbano, otro concepto que es importante tener bien definido es el de huerto ecológico. Suele ir de la mano del huerto urbano pero, en realidad, son conceptos distintos.

A diferencia del huerto urbano, el huerto ecológico no se caracteriza por su ubicación geográfica o por la escala de su producción, sino por las técnicas y métodos utilizados durante el cultivo.

Un huerto ecológico se rige por los principios ecológicos de respeto a la Tierra y a la naturaleza. Es decir, se plantea como un huerto de desarrollo sostenible que permite la optimización de los recursos de la tierra y que, además, minimiza al máximo el impacto que tiene sobre el terreno y el medio ambiente que lo rodea.

Esto se plasma en el tipo de técnicas de cultivo que utiliza, todas naturales y respetuosas con el medio ambiente. De esta forma, el cultivo ecológico prescinde de productos químicos, tales como pueden ser pesticidas o abonos artificiales. En su lugar, los sustituye por pesticidas naturales, que permiten el control de las enfermedades y plagas de forma igual de efectiva, pero sin contaminar el suelo y el ecosistema. Usa abonos naturales, principalmente compost, resultado del proceso de transformación de la materia orgánica en abono natural (sobre todo esto profundizaremos en los próximos capítulos).

Todo esto permite desarrollar un cultivo sostenible y respetuoso con el planeta y con el medio ambiente. Lo que, además, se traduce en alimentos mucho más nutritivos y saludables para el ser humano.

# 3. Beneficios de los huertos urbanos y ecológicos

Una vez que hemos profundizado un poco en los huertos urbanos y ecológicos vamos a enumerar algunos de sus principales beneficios.

- **Acceso a alimentos frescos y de alta calidad**: Uno de los principales beneficios que ofrecen los huertos urbanos y ecológicos es que permiten acceder a alimentos frescos y de una calidad nutricional excepcionalmente buena (resultado del proceso de cultivo ecológico). Los alimentos de origen vegetal son fundamentales en una dieta sana y equilibrada, ya que representan un aporte indispensable de micronutrientes (vitaminas, minerales, oligoelementos, etc.). Además, también constituyen una fuente importantísima de macronutrientes (carbohidratos, proteínas, grasas saludables, etc.).

- **Fomentan el ahorro al reducir el gasto en alimentación**: Al cultivar la totalidad o parte de la propia comida, se reduce el gasto que las familias destinan a la compra de alimentos. De este modo, el huerto urbano y ecológico se convierte en una herramienta que permite ahorrar dinero a final de mes.

- **Fomentan la agricultura local y de cercanía**: Otro de los beneficios que ofrece disponer de alimentos procedentes de un huerto urbano y ecológico es que se trata de agricultura local y de cercanía. Esto significa que se reduce el impacto medioambiental gracias a que se evita tener que transportar los alimentos recorriendo largas distancias. Muchos alimentos tienen que recorrer muchos kilómetros desde el lugar de producción hasta el lugar en el que van a ser consumidos. En muchos casos, incluso de un continente a otro. Este transporte implica la emisión de elevadas cantidades de gases de efecto invernadero que propician el cambio climático. Sin embargo, apostar por la agricultura local y de cercanía, es una forma perfecta de reducir el impacto que el transporte y la distribución de alimentos tiene en el planeta.

• **Favorecen los lazos sociales y el sentimiento de pertenencia a la comunidad:** Por otro lado, especialmente en el caso de los huertos municipales y comunitarios, este tipo de cultivos favorece la creación y fortalecimiento de los lazos sociales y el sentimiento de pertenencia a una comunidad. Además, esta comunidad suele ser la más cercana e inmediata desde un punto de vista geográfico. Esto consigue mejorar la interacción social en el vecindario, creando redes de apoyo en favor del bien común y el interés de la comunidad.

• **Ayudan a combatir el estrés y la ansiedad**: El estrés y la ansiedad son dos problemas habituales de la vida moderna. Cualquier actividad que permite reencontrarse con la naturaleza ayuda a minimizar sus efectos y, en este sentido, la agricultura ecológica es una de las mejores opciones, ya que podemos practicarla incluso en nuestra propia casa.

• **Constituyen un elemento educativo para los niños**: Otro de los beneficios de los huertos urbanos y ecológicos, especialmente en el caso de los huertos domésticos y de los huertos escolares, es que constituyen un elemento didáctico de gran importancia. Que los niños estén en contacto con un huerto les permite aprender de primera mano los ciclos biológicos de los alimentos que llegan a su plato, así como aprender sobre ecología y medio ambiente, además de comprender la vinculación que existe entre el ser humano y el resto de la naturaleza de la que forma parte.

• **Desarrolla el sentido de la responsabilidad**: Un beneficio importante de este tipo de huertos es que permiten desarrollar el sentido de la responsabilidad (tanto en niños como en adultos). Aunque los huertos urbanos no demandan mucho tiempo, sí que necesitan constancia y compromiso si queremos obtener una buena cosecha. Esto contribuye positivamente en el desarrollo del sentido de la responsabilidad y del deber.

• **Disminuyen el efecto de isla de calor**: Al igual que otros espacios verdes, los huertos urbanos afectan positivamente al entorno al disminuir el efecto de isla de calor propio de las ciudades y entornos urbanos. Se denomina efecto de isla de calor al efecto que produce la acumulación de determinados materiales, como por ejemplo sucede con el hormigón o el asfalto. Estos materiales absorben el calor más que otros, lo que conlleva un aumento de la temperatura de la zona a pesar de que alrededor la temperatura sea menor. Los espacios verdes, como por ejemplo los huertos urbanos y los parques, contribuyen a disminuir este efecto, favoreciendo una sensación térmica más agradable durante los meses más calurosos del año.

• **Son santuarios urbanos para los insectos polinizadores**: El papel de los insectos polinizadores (como las abejas y algunas mariposas) es fundamental en la agricultura y en la producción de alimentos. Sin embargo, el uso de pesticidas químicos está acabando con ellos. La creación de huertos urbanos y ecológicos (que utilizan pesticidas naturales que solo afectan a las plagas, pero no a los insectos polinizadores) contribuye a proteger a este tipo de insectos. De hecho, los huertos urbanos ecológicos terminan por convertirse en verdaderos santuarios, ya que muchos de ellos se ubican en entornos donde los insectos polinizadores tienen realmente complicado encontrar alimento.

- **Reducen los desechos orgánicos gracias al compostaje**: Los huertos ecológicos no utilizan abonos químicos. Pero esto no significa que no sean abonados. En lugar de este tipo de abonos, agresivos con el suelo y con el ecosistema, se utilizan abonos naturales. Estos abonos se obtienen principalmente a partir del compostaje, que permite transformar los restos orgánicos en materia útil para el abonado natural del sustrato, lo que también contribuye a la reducción de este tipo de basura.

- **Promueve prácticas sostenibles**: Construir un huerto urbano y ecológico es una práctica sostenible y respetuosa con el medio ambiente. De esta forma, se contribuye al desarrollo de una conciencia igualmente sostenible a la hora de relacionarse con la naturaleza y sobre la importancia que tiene la adopción de prácticas respetuosas con el medio ambiente en todas las actividades humanas.

- **Estar en contacto con la naturaleza y con los ciclos biológicos**: Otro de los principales beneficios que ofrecen los huertos urbanos y ecológicos es que permiten estar en contacto con la naturaleza y con sus ciclos biológicos (por ejemplo, respecto al proceso de crecimiento de cada planta, a las estaciones del año, y a las fechas de siembra y recolección). Esto es especialmente importante en entornos urbanos, donde muchas personas no tienen acceso directo a espacios naturales o, si los tienen, suelen ser espacios pequeños o demasiado "domesticados".

• **Es placentero**: Finalmente, otro de los principales beneficios que aporta la construcción de un huerto urbano y ecológico es que es placentero. Tanto durante su construcción inicial como durante todo el proceso de gestión y cuidado de las plantas. Por ello, contribuye de manera directa a una parte importante de la felicidad y el bienestar de sus cuidadores. Construir y trabajar el propio huerto es placentero y, aunque pueda parecer un beneficio demasiado subjetivo, es un beneficio tan útil y tan real como el resto de los que hemos mencionado con anterioridad. Por lo que no se puede pasar por alto.

En estos primeros capítulos hemos hecho una introducción general a la cultura de los huertos urbanos y ecológicos, a lo que significan y a la importancia que tienen, así como a algunos de los principales beneficios que aportan.

En los siguientes capítulos nos adentraremos en la parte práctica. En la construcción de la infraestructura básica y en los cuidados generales de las plantas, así como en los cuidados concretos de algunas de las hortalizas más comunes que podemos encontrar en la mayoría de huertos.

¡Vamos allá!

## 4. Elegir la forma y el lugar más adecuado

A la hora de empezar a construir un huerto urbano, lo primero que hay que tener en cuenta es el lugar en el que se va a ubicar. En este sentido, hay que tener en consideración que las hortalizas (al menos la mayoría) van a necesitar abundante luz.

Es decir, que el lugar más adecuado para ubicar el huerto es siempre uno que tenga bastantes horas de luz al día. ¿Cuántas? Pues eso depende del tipo de plantas que cultivemos. Sin embargo, ante la duda, lo mejor es escoger siempre el lugar más soleado posible, ya que encontrar espacios sombreados siempre es más fácil que aquellos con abundantes horas de luz.

Es importante comprender que las plantas de los huertos van a tener que crecer plenamente antes de llegar a la mesa. Es decir, no nos interesa que la planta esté en estado vegetativo, sino que necesitamos que crezca y se desarrolle lo más rápido y mejor posible. Para ello, es necesario que tenga abundante luz, lo que les va a permitir realizar mejor la fotosíntesis, tener más energía y, de este modo, desarrollarse mejor.

Esto no significa que, si en casa o en el lugar concreto en donde vayamos a instalar el huerto urbano no tenemos luz directa, no vayamos a poder plantar nada. Pero sí que hay que tener en cuenta que esto limitará el crecimiento de las plantas, por lo que será mejor escoger cultivos que se adapten lo mejor posible a la cantidad y horas de luz disponibles en cada caso.

*Con un poco de ingenio y paciencia, cualquier lugar soleado puede convertirse en un pequeño huerto urbano.*

Además de tener en cuenta el acceso a la luz, otro de los aspectos más importantes que hay que considerar antes de instalar el huerto urbano es el propio espacio físico en donde se va a construir. No es lo mismo instalar un huerto urbano en un jardín que en una ventana y, por ello, hay que tener presente las características de cada lugar.

## Tipos de huertos urbanos según su ubicación

Según el lugar en el que ubiquemos el huerto urbano hablaremos de las siguientes tipologías:

- **Huertos en suelo:** Los huertos urbanos en suelo son aquellos que se cultivan utilizando directamente un terreno de tierra sin pavimentar. En este caso, lo más habitual es que se ubiquen en jardines o patios no solados, aunque también se pueden encontrar en terrenos más grandes, como solares urbanos o descampados. Sin duda, un huerto plantado en suelo es la mejor opción que se puede escoger, ya que va a permitir que las plantas tengan acceso a mayor cantidad de sustrato y que las raíces se expandan todo lo que necesiten. Uno de los aspectos que hay que tener en cuenta a la hora de plantar huertos en suelo son las sombras que puedan proyectar edificios o construcciones adyacentes. Es importante recordar que uno de los aspectos más importantes en cualquier tipo de huerto es el acceso a la luz. Por ello, en el momento de escoger el lugar donde se va a construir el huerto, cuando se trata de un espacio en el suelo, es importante tener en cuenta el movimiento de las sombras cercanas.

- **Huertos en terrazas y azoteas:** Aunque los huertos en suelo son la mejor opción al ofrecer un sustrato mucho más profundo para las plantas, hay muchos huertos urbanos que no tienen acceso a esta posibilidad. En su lugar, deben adaptarse a las estructuras y construcciones de la ciudad y, en este sentido, las terrazas y azoteas representan uno de los mejores espacios donde se pueden construir. Al construir un huerto en terrazas o azoteas es necesario instalar soportes donde ubicar el sustrato y posteriormente las plantas (macetas, mesas de cultivo, bancales, estructuras verticales, etc.). En este sentido, hay que tener en cuenta que, cuanto más grande sea el soporte, mejor se van a poder desarrollar la mayoría de los cultivos. Por ello, si disponemos de espacio suficiente, lo mejor es aprovechar esta posibilidad para colocar soportes de gran volumen que nos aseguren que las plantas podrán crecer sin problema. Al igual que sucede con los huertos en suelo, tanto en las terrazas como en las azoteas, hay que tener en cuenta la luz solar y el movimiento de las sombras cercanas para escoger el espacio más adecuado dentro de las opciones disponibles.

- **Huertos en balcones:** Si no disponemos de una terraza o azotea de grandes dimensiones, otro lugar que puede convertirse en una buena opción para instalar un huerto urbano son los balcones. Estos espacios son considerablemente más pequeños que los anteriores y, en consecuencia, hay que adaptar el huerto al espacio real disponible. En el caso de los balcones, se pueden instalar macetas de mayor tamaño en las esquinas, que son espacios que permiten colocar las macetas más grandes sin limitar demasiado el uso del balcón. Mientras que las más pequeñas se pueden colocar en el resto del espacio disponible y, si se dispone de una barandilla adecuada, utilizar colgadores para ampliar el espacio cultivable disponible. Además, otra opción es ubicar algunas macetas en la pared de la fachada, lo que nos permite ampliar incluso más el espacio de cultivo. Respecto a la luz, los balcones no suelen ofrecer demasiada flexibilidad a la hora de utilizar el espacio. Según la orientación del balcón, se tendrá más o menos iluminación, por lo que, la mayoría de las veces, debemos adaptar la selección de plantas a las condiciones de las que dispongamos.

- **Huertos en ventanas:** En el caso de las ventanas la mejor opción para instalar un huerto urbano son las jardineras. Este tipo de macetas se caracterizan por tener forma rectangular, lo que permite aprovechar al máximo el espacio que ofrecen los alféizares. Además, en el caso de instalar jardineras en las ventanas, es indispensable instalar previamente un sistema de sujeción que garantice su seguridad y que no caerán a la calle a causa del viento o de la lluvia. Los sistemas de sujeción que se pueden encontrar actualmente son muy variados y ofrecen muy buenos resultados en la mayoría de los casos. En cualquier caso, si se quiere optar por la mayor seguridad disponible, lo mejor es decantarse por sistemas de seguridad que vayan anclados a la propia fachada o a la estructura de la ventana. Su instalación es más compleja, pero también más duradera. Y sobre todo más segura. A diferencia de lo que suele suceder con los balcones, las ventanas ofrecen mayor capacidad de elección respecto a la iluminación. Por lo general, la mayoría de las viviendas disponen de varias ventanas, lo que, en muchos casos, ofrece diferentes orientaciones. Por ello, lo más recomendable será colocar el huerto urbano en la ventana que vaya a disfrutar de más horas de luz directa.

- **Huertos en espacios interiores:** Finalmente, hay que tener en cuenta que otro lugar donde se puede ubicar un huerto urbano es en los espacios interiores de un edificio. En este caso, al igual que sucede con los balcones y las ventanas, las macetas suelen ser más pequeñas, por lo que también hay que adaptar los cultivos al espacio del sustrato disponible para obtener los mejores resultados. Sin embargo, la principal cuestión que hay que tener en consideración a la hora de instalar un huerto urbano en interior será el limitado acceso a la luz natural. Como hemos mencionado, el cultivo de la mayoría de hortalizas va a requerir abundante luz directa. Esto es difícil de conseguir en interiores por lo que, si se instala el huerto urbano en un espacio interior, es indispensable que esté lo más cerca posible de una ventana, preferiblemente junto al propio cristal. En estos casos, una buena opción es instalar huertos verticales justo sobre el cristal, lo que permite aprovechar la máxima cantidad de luz disponible en el espacio interior.

## Tipos de huertos urbanos según su altura

Además del lugar en el que se ubica el huerto urbano, también hay que tener en cuenta que estos pueden presentar diferentes alturas.

Por lo general, la mayoría de huertos tienden a ubicarse en horizontal y aprovechando la propia superficie del sustrato (paralelo al suelo). Sin embargo, debido a las dificultades que implica conseguir un espacio adecuado para construir un huerto en entornos urbanos, se han desarrollado soluciones que permiten optimizar al máximo el espacio disponible.

- **Huertos horizontales:** Los huertos horizontales son los más habituales. Se caracterizan por la superficie de cultivo, que es la misma que el suelo disponible. Es el tipo de altura más común en el caso de los huertos ubicados en suelo, aunque también son huertos horizontales aquellos que se instalan en macetas y que se colocan directamente sobre el pavimento, por ejemplo en una terraza o azotea.

- **Huertos verticales:** Los huertos verticales se caracterizan por situar los cultivos unos encima de otros. Esto se consigue utilizando estructuras de sujeción que sostienen las macetas unas sobre otras, pero dejando espacio suficiente para que las plantas se desarrollen correctamente. Tienen la gran ventaja de que permiten optimizar al máximo la superficie destinada al cultivo. Sin embargo, debido a que las macetas están colgadas o suspendidas, no suelen ser macetas de gran tamaño, por lo que los cultivos que se pueden plantar están más limitados que los cultivos horizontales.

• **Huertos en talud o escalera:** Este tipo de huertos son similares a los verticales pero, en lugar de estar construidos en alturas unas sobre otras, la colocación se establece en diagonal respecto al suelo (como si fuera una escalera con los peldaños ligeramente superpuestos unos sobre otros). Esto hace que sean estructuras más estables que los huertos verticales y, aunque requieren más espacio de base, el espacio se optimiza más que en el caso de los huertos horizontales.

• **Huertos con alturas combinadas:** Como su nombre indica, se trata de huertos que combinan distintas alturas. Esto permite aprovechar al máximo el espacio disponible, pero no solo desde una perspectiva cuantitativa, sino también cualitativa. Por ejemplo, un huerto con alturas combinadas puede utilizar un parterre en suelo para instalar un huerto horizontal pero, al mismo tiempo, instalar un huerto vertical en la pared contigua a dicho parterre. De esta forma, se puede utilizar el huerto horizontal para cultivos que requieren tierra profunda, mientras que el huerto vertical permite el cultivo de plantas que prosperan sin problema en macetas de pequeñas dimensiones.

# 5. Herramientas y materiales habituales en un huerto urbano

En este capítulo vamos a ver algunas de las herramientas y materiales que se utilizan con más frecuencia en un huerto. Esto no significa que sean todos los elementos que podemos usar, ni que para tener un huerto urbano sea indispensable contar con todos ellos. Sin embargo, sí que es importante que el lector se familiarice con algunos de ellos (especialmente en el caso de los más principiantes).

- **Alambre**: El alambre es uno de los materiales que conviene tener siempre a mano en un huerto. El alambre es un hilo delgado que se obtiene a partir de estirar un metal concreto. Se trata de un material muy flexible pero que, al mismo tiempo, conserva la forma que le damos cuando trabajamos con él. Por ello, se puede utilizar para fijar plantas, guías y espalderas. Además, al tratarse de un hilo de metal muy delgado, se puede cortar con facilidad con ayuda de unas tijeras o de unos alicates. Se pueden encontrar de varios tipos: alambre bruto (aquel que se presenta directamente como un hilo de metal simple) y alambre recubierto (aquel en el que el metal aparece recubierto por un tejido que lo protegen de que se oxide y hace que su manipulación sea más agradable al tacto).

- **Almocafre**: El almocafre es una de las herramientas más útiles en el caso de que tengamos que trabajar con sustratos pequeños como son los de macetas y mesas de cultivo. Se trata de una herramienta similar a la azada pero, en este caso, de un tamaño mucho más pequeño y con la hoja terminada en forma puntiaguda. Se puede utilizar para tareas como extraer las plantas pequeñas de los semilleros sin dañar las raíces o para remover el sustrato y airear la parte superficial de la tierra. Se trata de una herramienta multifuncional, pero especialmente recomendable en el caso de tener que trabajar en espacios pequeños donde las azadas y palas pueden ser incómodas de usar.

- **Azada**: La azada es una de las herramientas más útiles en el huerto. Consta básicamente de un mango (generalmente fabricado de madera) en cuyo extremo se coloca una hoja de metal con forma rectangular. Su principal uso es el de preparar el terreno para la siembra, ya que esta hoja de metal permite separar la tierra compactada y deshacer los terrones de forma rápida y fácil. Además, también es muy útil para arrancar raíces, malas hierbas y restos de otros cultivos antiguos. Se considera una herramienta básica e indispensable en cualquier cultivo en suelo.

- **Bancales de cultivo**: Se trata de la adecuación de un espacio de cultivo en suelo. Se pueden establecer tanto en suelo llano como en suelo en pendiente, aunque es más habitual hacerlo en estos últimos, ya que permiten crear espacios horizontales delimitados que facilitan la siembra. Una de las formas más habituales de construirlo es mediante listones o tablas de madera. Estas tablas de madera se insertan directamente en el suelo, formando espacios con forma de cuadrado o rectángulo. En su interior se coloca el sustrato y después se planta en él. Aunque los listones de madera son una de las formas de construcción de bancales de cultivo más comunes, también se pueden utilizar muchos otros materiales (piedra, ladrillo, azulejo, plástico, etc.). De hecho, si se prefiere, también se puede optar por comprar bancales prefabricados en cualquier comercio de jardinería y agricultura.

- **Carretilla**: La carretilla es un pequeño vehículo para transportar objetos y materiales. Consta de una rueda en la parte delantera, dos barras paralelas en la parte posterior (que sirven para conducirla) y de un recipiente abierto en la zona central, donde se deposita lo que se quiere transportar. Se trata de una herramienta muy útil en los huertos medianos y grandes, ya que permite transportar herramientas y materiales en grandes cantidades al mismo tiempo, lo que permite trabajar de forma más ágil y cómoda. De hecho, es especialmente útil cuando hay que transportar materiales pesados o muy voluminosos. Como por ejemplo sucede cuando se mueven grandes cantidades de sustrato, abono o restos de poda. No obstante, si nuestro huerto urbano es de pequeñas dimensiones, no es imprescindible contar con ella.

- **Criba**: También llamado tamiz, cedazo o directamente colador. Se trata de una herramienta que consta de una superficie agujereada que permite separar las partes más grandes de las más pequeñas cuando se coloca algún material sobre ella y se mueve. Además de esta superficie agujereada, también cuenta con bordes elevados en los laterales para evitar que el material se vierta por los extremos. La criba es una herramienta que se utiliza para diversas funciones en el huerto. Por ejemplo, es muy útil cuando queremos filtrar la tierra para separar piedras y restos vegetales del sustrato más fino y que vamos a reutilizar.

- **Cubo**: Un cubo es un recipiente abierto por la parte de arriba y que suele presentarse con forma cilíndrica y que cuenta con una base unida a los lados para contener materiales de diversa índole. Se trata de una herramienta multifuncional que tiene muchos usos en cualquier huerto. Se puede usar para recoger y almacenar restos de poda, para transportar agua, sustratos o abonos. Además, también es especialmente útil cuando queremos mezclar diferentes sustratos para preparar un sustrato personalizado y adaptado a las necesidades de cada tipo de cultivo.

- **Espalderas**: También denominadas celosías, enrejados o emparrados. Las espalderas son estructuras artificiales que se utilizan para apoyar y sujetar las plantas a medida que estas van creciendo. Se pueden encontrar de muchas formas y tamaños dependiendo del tipo de cultivo en el que se utiliza. Su principal uso es el de dirigir la planta para que crezca en una dirección o con una forma concreta. De hecho, en el caso de algunos cultivos que tienden a curvarse por su propio peso, son indispensables para asegurar una buena cosecha.

- **Guantes**: Los guantes de jardinería son otra de las herramientas indispensables en cualquier huerto. Su función es la de proteger las manos mientras se llevan a cabo las labores agrícolas. Se pueden encontrar de diversos tipos. Lo más recomendable es que sean guantes fabricados con materiales resistentes y que protejan tanto del contacto con materiales potencialmente dañinos como también de posibles golpes o accidentes.

- **Guías**: Las guías son varas alargadas que pueden presentar diferentes grosores según la resistencia que necesiten para sujetar las plantas. Cumplen la misma función que las espalderas. Es decir, permiten dirigir y sujetar las plantas. Sin embargo, a diferencia de las espalderas, no constituyen grandes superficies, sino simplemente una única vara que permite garantizar la verticalidad de la planta. En algunos casos, esto se consigue utilizando solamente la propia guía. No obstante, si se quiere garantizar la fijación de la planta, lo más recomendable es sujetar la planta a la guía mediante pequeñas porciones de alambre que añaden todavía más estabilidad al conjunto.

- **Horca**: La horca es una herramienta formada por un mango de grandes dimensiones en cuyo extremo se ubica una pieza de metal con dos o más púas. Su principal uso es el de mover de un sitio a otro las cubiertas de paja y otros restos vegetales. Aunque también se puede utilizar para remover el compost y otros tipos de abono.

- **Macetas**: Son recipientes diseñados para contener el sustrato en donde se plantan diferentes tipos de vegetales. Pueden presentar diversos tamaños y formas, así como también variedad respecto a los materiales. Los más comunes son el barro cocido y el plástico. En el caso del barro cocido, aportan mayor pesadez, por lo que son más difíciles de volcar (aportan más seguridad frente a rachas de viento fuerte). Además, al ser de barro, presentan mayor porosidad (si no están esmaltadas) por lo que ayudan a evitar la acumulación de agua. En el caso de las macetas de plástico, son más ligeras y fáciles de transportar, y su precio es más barato. En todos los casos, las macetas deben contar con los respectivos agujeros de drenaje en la base, ya que es la forma en que se expulsa el exceso de agua procedente de la lluvia o del riego.

- **Maceteros**: Los maceteros están íntimamente ligados a las macetas. En este caso, se trata de los soportes en los que se pueden ubicar las macetas. Pueden presentar diversas formas, algunas llegan a cubrir toda la maceta, mientras que otros se limitan a solo la parte inferior de la maceta (a veces, son solo un plato). Su función es tanto práctica como estética. Respecto a la parte estética, los maceteros suelen ser más decorativos que la mayoría de macetas. Respecto a la parte práctica, permiten recoger el exceso de agua que es expulsada por los agujeros de drenaje de la maceta, lo que evita que se manche el suelo o cualquier otro soporte en el que se ubique la maceta.

- **Manta térmica**: Las mantas térmicas, también llamadas a veces como telas térmicas o telas antiheladas, son tejidos que sirven para proteger las plantas de las temperaturas extremas en invierno. Su acción es similar a la que puede tener un invernadero pero, en este caso, son mucho más sencillas de colocar y no requieren tanto espacio. Estos tejidos están diseñados de tal forma que permiten el paso del aire y la luz a través de ellos. Sin embargo, constituyen una barrera térmica bastante efectiva. De esta forma, se consigue proteger las plantas de las heladas del invierno, lo que es especialmente útil en aquellas regiones donde las noches son muy frías. Además, en la mayoría de los casos, estas telas son reutilizables y se pueden cortar sin problema para adaptarlas a las dimensiones del cultivo concreto que queremos proteger.

- **Mesa de huerto**: Las mesas de huerto son estructuras que permiten cultivar a la altura de una mesa común. Están diseñadas de forma similar a los bancales prefabricados pero, en lugar de ubicarse en el suelo, cuentan con patas que elevan el cultivo a la altura de una mesa estándar. Son muy útiles a la hora de hacer más cómodo el trabajo del huerto. También son una buena opción en el caso de contar con poco espacio disponible, ya que la parte inferior se puede utilizar para ubicar otras macetas o directamente las herramientas y materiales que utilizamos en el huerto. Las mesas de huerto están especialmente diseñadas para permitir el drenaje del sustrato, por lo que habrá que tenerlo en cuenta a la hora de recoger el agua sobrante después del riego (que caerá a la parte inferior de la mesa). Suelen estar hechas de madera, aunque se pueden encontrar de diversos materiales.

- **Medidores del pH**: Los medidores del pH nos van a ayudar a conocer el pH del sustrato, lo que nos permite adecuarlo a las necesidades concretas de cada cultivo. Se pueden encontrar diferentes formatos. Por un lado están los medidores de tierra electrónicos. Estos medidores son dispositivos de pequeñas dimensiones (por lo general, caben en una mano) que cuentan con una o dos varillas metálicas que miden el pH de la tierra al mezclar un poco de sustrato con agua e introducir las varillas en su interior. Son muy cómodos de utilizar y son la mejor opción si vamos a tener que realizar mediciones del pH de forma habitual. Otra opción de medidor de pH son las bandas de pH. En este caso, se trata de un medidor basado en pequeñas bandas de un papel especial que reacciona al contacto con diferentes materiales. En este caso, las bandas son de usar y tirar, por lo que son la opción más recomendable en el caso de que la medición del pH se vaya a hacer de manera puntual.

- **Pala**: La pala es otra de las herramientas básicas de cualquier huerto. Se trata de una herramienta formada por un mango en cuyo extremo tiene una superficie plana o ligeramente cóncava. Sirve para cavar o para trasladar materiales de un lugar a otro. En el caso de los huertos, es especialmente útil a la hora de mover la tierra y cuando se van a mezclar sustratos de diferente tipo.

- **Pulverizador**: Un pulverizador es una herramienta que cuenta con un recipiente y un grifo graduable que permite expulsar líquido en forma de bruma o pulverización. Se trata de una herramienta muy práctica a la hora de humedecer ligeramente ciertas superficies, como pueden ser las hojas o el suelo. En los huertos se utiliza especialmente a la hora de aplicar tratamientos fitosanitarios, como por ejemplo insecticidas o fungicidas, ya que necesitamos que el tratamiento llegue a todas las partes de la planta.

- **Rastrillo**: El rastrillo es, junto con la pala, otra de las herramientas más importantes a la hora de trabajar el sustrato. Se trata de una herramienta que cuenta con un mango y con un extremo ancho y dentado. Su principal utilidad radica en que permite remover el sustrato y purgarlo. Al pasar el rastrillo por un sustrato, conseguimos separar los elementos más gruesos (por ejemplo, piedras y restos vegetales de cultivos antiguos), consiguiendo eliminar aquello que no necesitamos y quedándonos solo con la tierra útil para el cultivo.

- **Regadera**: La regadera es un recipiente que permite transportar agua. Cuenta con un mango que facilita su uso y con un extremo que vierte el agua de forma controlada para facilitar el riego. En el caso de grandes huertos, lo más habitual es utilizar otros sistemas de riego (por ejemplo, un sistema de riego por goteo automatizado). Sin embargo, la regadera se usa también para el riego en el momento del trasplante o si hace falta regar plantas aisladas que no están conectadas al sistema de riego general. Por ello, se trata de una herramienta indispensable en todo tipo de huertos.

- **Semilleros**: Los semilleros son recipientes de pequeño tamaño que sirven para hacer germinar las semillas antes de trasplantarlas al sustrato definitivo. Esta técnica tiene la ventaja de que ofrece mayores garantías a la hora de que las plantas se desarrollen correctamente hasta la etapa adulta. Además, en algunos casos, se trata de una forma casi indispensable para asegurar la germinación de determinados cultivos. Respecto a los materiales de los semilleros, se pueden encontrar de dos tipos. Por un lado están los semilleros reutilizables (fabricados generalmente de plástico). Estos semilleros sirven para plantar la semilla y, una vez que ha germinado y se ha convertido en una plántula, esta se trasplanta a su ubicación definitiva. Después el semillero se guarda y está listo para ser utilizado de nuevo para una nueva germinación. Por otro lado también están los semilleros fabricados con materiales biodegradables. En este caso, se trata de recipientes fabricados a partir de materiales orgánicos y compostables. Cuando se utiliza este tipo de semilleros no es necesario trasplantar la plántula, sino que esta se planta directamente en el sustrato definitivo introduciendo el semillero en la tierra. Como se trata de un semillero realizado con materiales orgánicos y compostables, estos se degradan y pasan a convertirse en abono para las plantas. Estos semilleros tienen la ventaja de que, además de no producir residuos, reducen el estrés de la planta por el trasplante, lo que ofrece mayores garantías a la hora de que la planta crezca y se desarrolle correctamente. Como contrapartida cabe mencionar que es necesario la utilización de un semillero cada vez que se quiere hacer germinar una nueva semilla.

- **Tijeras de podar**: Son tijeras que cuentan con un diseño y resistencia especialmente seleccionados para cortar ramas y plantas en general. Son mucho más prácticas y cómodas de utilizar en el huerto que las tijeras convencionales, por lo que se recomienda contar con un ejemplar de este tipo de tijeras para realizar podas o cortes concretos.

Estas son las herramientas y materiales más comunes que solemos encontrar en el huerto urbano y que todo agricultor principiante debe conocer. En cualquier caso, siempre hay que tener en cuenta que, dependiendo de las características y necesidades de cada huerto y cultivo, hay que adaptar los materiales y herramientas a cada caso concreto.

# 6. El sustrato

El sustrato constituye uno de los elementos más importantes en cualquier huerto. El sustrato es lo que habitualmente se conoce como "la tierra". La elección de un buen sustrato es clave si queremos conseguir una buena cosecha, ya que es el elemento principal del que las plantas toman los nutrientes que necesitan para crecer fuertes y sanas.

## Qué es el sustrato

El sustrato es la tierra en donde se ubican las plantas. El sustrato puede ubicarse directamente en el suelo o en recipientes como las macetas. En todos los casos, el sustrato condiciona el crecimiento y desarrollo de las plantas, ya que de él se obtienen los nutrientes esenciales para que el cultivo se desarrolle de forma adecuada. Por esto, es necesario contar con un sustrato adecuado a las necesidades de cada cultivo o, por lo menos, adecuado para el cultivo de hortalizas en general.

Existen muchos tipos de sustratos. Los sustratos presentan diferencias en su composición, lo que se traduce en diferentes cantidades y calidades de nutrientes, así como en diferentes grados de acidez, aireación, retención del agua, capacidad de albergar vida, diferentes proporciones entre materia orgánica e inorgánica, etc.

Todas estas características van a determinar el resultado de los cultivos, por lo que es importante tenerlas en cuenta y, si es necesario, corregirlas para que se adecúen a las expectativas.

*Las plantas absorben el agua y los nutrientes del suelo a través de las raíces. Un sustrato rico en nutrientes favorece las buenas cosechas.*

## Funciones del sustrato

Las principales funciones del sustrato son las siguientes:

- **Actúa como soporte de las plantas**: Con excepción de los cultivos hidropónicos, las plantas necesitan fijarse en un soporte que les brinde estabilidad. Este soporte es el sustrato, que permite que las plantas expandan sus raíces a través de él y se mantengan en la posición más adecuada para su correcto crecimiento.

- **Aporta nutrientes esenciales**: Con excepción de la luz y el aire, el resto de nutrientes que van a condicionar el crecimiento de las plantas procede del suelo. A través de las raíces, las plantas absorben el agua y los minerales presentes en el sustrato.

**• Aporta un espacio indispensable para la biodiversidad del huerto ecológico**: Además de aportar un soporte y nutrientes a las plantas, en el huerto ecológico, el sustrato también cumple la función de ser uno de los lugares donde se alberga mayor biodiversidad del huerto. Esta biodiversidad es un elemento esencial de los cultivos ecológicos, ya que son muchos los organismos vivos que trabajan y cooperan para garantizar la salud y bienestar de las plantas en este tipo de agricultura.

## Sustrato ecológico: un suelo vivo

A diferencia de lo que sucede con los cultivos no ecológicos, el sustrato del cultivo ecológico es un sustrato vivo. Es decir, se trata de suelos que están llenos de microorganismos y animales de pequeño tamaño que contribuyen a crear un ecosistema que trabaja en simbiosis con las plantas para favorecer el desarrollo de todos los seres vivos.

Naturalmente, no todos los organismos que viven en el cultivo son beneficiosos para las plantas. En estos casos, hablamos de enfermedades o plagas, que son problemas que debemos solucionar mediante el uso de tratamientos fitosanitarios ecológicos para no dañar al resto de seres vivos que sí que son beneficiosos para el cultivo.

¿Por qué el sustrato ecológico es un suelo vivo? Esto se consigue gracias al uso de técnicas de cultivo ecológicas. Es decir, técnicas en las que se prescinde de abonos e insecticidas químicos que, con su uso, dañan indiscriminadamente toda la biodiversidad del huerto y terminan

*Al igual que sucede con el suelo de los bosques, los suelos de los huertos ecológicos también son ecosistemas repletos de formas de vida que viven en simbiosis.*

agotando el suelo al romper el equilibrio de los ciclos naturales de reciclaje de la materia orgánica (ciclos que permiten que el suelo retenga los nutrientes de forma natural).

De este modo, gracias a la agricultura ecológica, el sustrato de los huertos ecológicos se convierte en un auténtico ecosistema en el que cientos de especies diferentes colaboran entre sí. Esto se traduce en cultivos sanos y más resistentes frente a las plagas, así como en una actividad sostenible y respetuosa con el medio ambiente.

## La biodiversidad del suelo ecológico

Aunque son muchos los organismos "buenos" que colaboran desde el suelo en el trabajo del huerto ecológico, algunos de los más importantes y que conviene conocer son los siguientes:

* **Hongos filamentosos y levaduras**: Se trata de organismos microscópicos que se ocupan de descomponer la materia orgánica muerta (hojas secas, restos de ramas, restos vegetales de cultivos antiguos, etc.). Trabajan tanto en la superficie como en el subsuelo del sustrato.

* **Bacterias**: Aunque al pensar en bacterias se pueden asociar a enfermedades, muchas otras colaboran en la descomposición de la materia orgánica muerta del mismo modo que lo hacen los hongos y las levaduras. Esto permite que los minerales retornen a la tierra en formas más simples para que las plantas puedan absorberlos a través de las raíces.

* **Protozoos**: Los protozoos contribuyen de diferentes formas a la salud de nuestro huerto ecológico. Entre sus muchas funciones cabe destacar que se alimentan de algunas bacterias potencialmente dañinas para las plantas.

* **Nematodos**: Los nematodos son gusanos de un tamaño diminuto (la mayoría de ellos son microscópicos). Normalmente, se alimentan de los restos de materia orgánica muerta y contribuyen a su degradación Sin embargo, otros pueden llegar a atacar las raíces de algunas plantas, por lo que es importante encontrar el equilibrio correcto entre ellos.

- **Actinobacterias**: Son un tipo de bacterias filamentosas, similares a algunos hongos. Su función es variada en el huerto ecológico, aunque destacan por ser capaces de descomponer los restos de celulosa y lignina de la materia vegetal muerta.

- **Algas**: Son plantas microscópicas que, entre sus diversas funciones, ayudan a fijar en el suelo el nitrógeno presente en el aire, lo que permite que las plantas del huerto lo tomen directamente del sustrato y crezcan sanas y fuertes.

- **Lombrices**: Las lombrices de tierra son las reinas del sustrato de cualquier huerto ecológico. Además de ayudar a descomponer la materia orgánica muerta y aportar nutrientes al suelo, también colaboran aireándolo. Crean galerías subterráneas que ayudan a que el aire circule con normalidad entre la tierra, ayudan al correcto desarrollo de las raíces y también contribuyen intercambiando nutrientes entre las capas superiores e inferiores del suelo. Su presencia siempre es una señal de que el suelo está sano.

- **Artrópodos**: Algunos pueden convertirse en plagas, pero muchos otros contribuyen de forma importante a la descomposición de la materia orgánica muerta y los residuos vegetales. Un buen ejemplo son las cochinillas de humedad que, a diferencia de las cochinillas que dañan las hojas, viven en el suelo, alimentándose de restos de hojas muertas y contribuyendo al enriquecimiento del sustrato. Además, algunos actúan como depredadores de insectos potencialmente dañinos para las plantas (por ejemplo, las mariquitas, las crisopas y las tijeretas se alimentan de insectos perjudiciales para el huerto), mientras que otros son esenciales en el proceso de polinización de las flores (el mejor ejemplo lo encontramos en las abejas).

Todos estos seres vivos forman parte natural del sustrato de los huertos ecológicos y, gracias a su acción, los cultivos se vuelven más fuertes frente a enfermedades y plagas. Además, gracias a su acción descomponedora de la materia orgánica muerta, contribuyen constantemente en el enriquecimiento de nutrientes del suelo, lo que favorece el crecimiento de las plantas.

Prescindir de abonos y plaguicidas químicos garantiza su presencia en el huerto. Por ello, se trata de una biodiversidad presente solo en los cultivos ecológicos, mientras que los suelos de cultivos que no siguen este tipo de técnicas biológicas son sustratos muertos y que requieren de acciones constantes por parte del agricultor para conseguir que las cosechas salgan adelante. Por el contrario, los suelos agrícolas de cultivo ecológico constituyen un apoyo al propio desarrollo y crecimiento natural de las plantas.

## El trabajo del suelo

El trabajo del suelo, o laboreo de la tierra, consiste en preparar el sustrato para buscar los mejores resultados de la cosecha. Podemos plantar en cualquier suelo. Sin embargo, esto no basta si queremos garantías de que obtendremos una buena cosecha.

El sustrato constituye un elemento esencial en cualquier cultivo, por lo que, antes de sembrar, es recomendable estudiar el suelo, valorar sus características y, si es necesario, corregirlas. Para ello tenemos que tener en

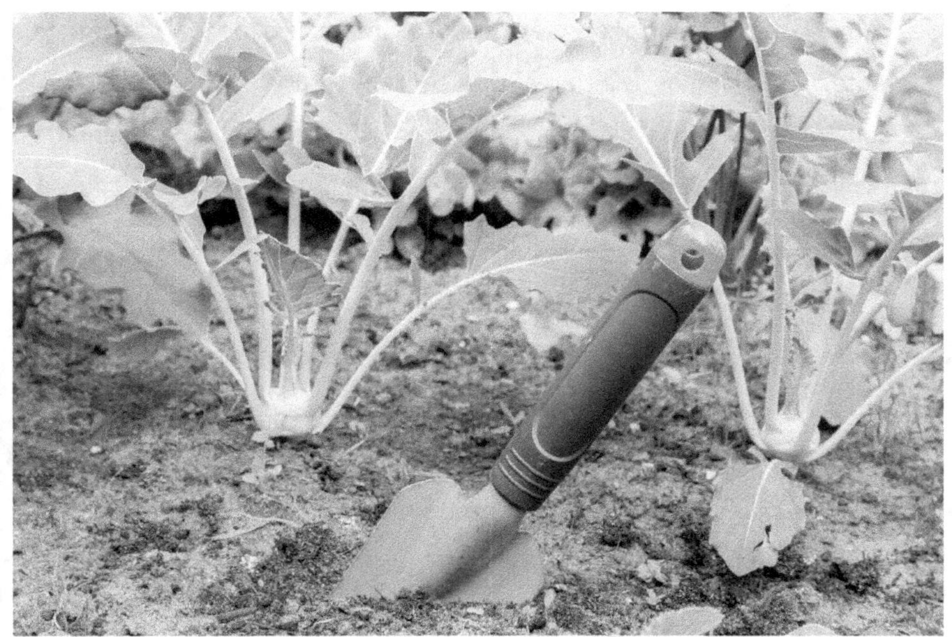

*Se debe trabajar el suelo del huerto para conseguir mejorar sus condiciones. De este modo, las plantas crecen sanas y se obtienen mejores cosechas.*

cuenta varios aspectos, como la relación entre materia orgánica y materia mineral, así como la granulometría del suelo.

## Relación entre materia orgánica y mineral

Todos los suelos de cultivo no son iguales. La historia de cada suelo, así como las enmiendas y correcciones que se llevan a cabo, determinan su composición y características. Como norma general, hay que tener en cuenta que cualquier suelo de cultivo debe presentar un equilibrio adecuado entre materia orgánica y materia mineral.

La materia mineral, o materia inorgánica, es la que procede directamente de la roca madre (la capa más profunda de la corteza terrestre) y de diversos fragmentos que se han ido desprendiendo de esta de forma paulatina. Aporta sujeción y soporte, pero no aporta muchos nutrientes a las plantas, aunque sí que contribuye a la aireación del suelo. Los suelos con una alta cantidad de materia mineral suelen presentar un color claro.

La materia orgánica es la resultante de organismos muertos que están en descomposición, principalmente restos vegetales. Esta materia es descompuesta por la acción de diversos organismos, sobre todo bacterias y hongos. De esta forma, esta materia retorna al suelo y lo enriquece con la materia que antes formó parte de los organismos vivos. Por ello, su presencia aporta gran cantidad de nutrientes.

A diferencia de lo que sucede con los suelos con gran cantidad de materia mineral, aquellos que presentan un alto índice de materia orgánica suelen ser de color oscuro. Asimismo, la materia orgánica contribuye a la retención de agua y de nutrientes, aunque puede dificultar la correcta aireación del suelo.

Al hablar de la materia orgánica y mineral del suelo hay que entenderla como una relación de equilibrio. No se puede hablar de que una sea buena y otra mala para los cultivos.

Es cierto que, según el tipo de planta que se cultive, puede ser más recomendable optar por un suelo más o menos rico en un tipo de materia u otra. Sin embargo, hay que tener muy claro que un suelo de cultivo sano debe presentar tanto materia orgánica como inorgánica en distintas cantidades. La materia orgánica le aporta nutrientes, retención del agua y una base para que los organismos del suelo puedan desarrollarse correctamente. Por su parte, la materia mineral o inorgánica aporta sujeción, drenaje del exceso de agua y una correcta aireación para las plantas.

## Granulometría del suelo

Otro aspecto importante que tenemos que tener en cuenta al hablar del sustrato de los cultivos es la granulometría del suelo. Es decir, el tamaño de los granos de la tierra que componen el sustrato. A grandes rasgos, se pueden distinguir tres tipos de granos de tierra básicos:

• **Arena**: Los granos de arena presentan una textura gruesa, lo que hace que la porosidad entre los granos de la tierra sea mayor. Esto se traduce en que aporta un mejor drenaje y aireación del sustrato. Sin embargo, un exceso de arena en el suelo implica que no se retenga suficiente agua ni nutrientes.

• **Limo**: Los granos de limo son aquellos que son demasiado pequeños como para ser considerados arenas, pero demasiado grandes como para ser considerados arcilla. Es decir, presentan una textura intermedia entre ambos extremos.

• **Arcilla**: Los granos de arcilla presentan una textura muy fina, casi como polvo. Esto conlleva que la porosidad entre ellos es muy pequeña, lo que implica también mayor retención de agua y nutrientes. Sin embargo, un exceso de arcilla en el suelo puede conllevar un mal drenaje (lo que implica encharcamientos) y una mala aireación en forma de suelos muy compactados.

La granulometría del suelo va a afectar principalmente al grado de compactación del mismo, lo que, a su vez, determina la aireación y retención de agua y nutrientes. Por ello, es importante encontrar un equilibrio adecuado que asegure una aireación correcta, al mismo tiempo que se eviten los drenajes excesivos y los encharcamientos.

Para ello, se pueden añadir al suelo diferentes materias que contribuyen a corregir el desequilibrio que se observa.

Como norma general, se puede añadir materia orgánica al suelo, ya que la materia orgánica permite que los suelos arcillosos sean menos compactos y que los suelos excesivamente arenosos presenten una mayor cohesión. Algunos ejemplos de materia orgánica que se pueden añadir al suelo para corregir su granulometría son mantillo, compost, abonos verdes y acolchados.

## Tipos de suelo

Según la relación entre materia orgánica e inorgánica, y la granulometría del sustrato, podemos distinguir varios tipos de suelos:

- **Suelo arenoso**: Se trata de suelos con un elevado contenido en arena, pero muy escaso en arcilla. Esto hace que sean suelos con muy buena aireación, así como fáciles de trabajar. Sin embargo, también son suelos que no retienen bien el agua y que presentan un nivel muy bajo de nutrientes. Suelen ser de un color claro.

- **Suelo franco**: Los suelos francos son suelos que presentan un correcto equilibrio de granulometría (misma proporción entre arenas, limos y arcillas), y que además contienen una cantidad de materia orgánica adecuada para dotarlos de los nutrientes necesarios para obtener una buena cosecha. Son los mejores suelos en los que se puede cultivar. Suelen presentar un color oscuro.

- **Suelo arcilloso**: Este tipo de suelo se caracteriza por tener un elevado contenido en arcilla y muy bajo en arenas. En consecuencia, son suelos muy compactados y difíciles de trabajar. Además, presentan una baja aireación y permeabilidad, por lo que tienden a encharcarse con facilidad. Suelen ser de color rojizo, aunque también se pueden encontrar con otros colores y tonalidades según la composición mineral.

- **Suelo calizo**: Son suelos que presentan abundantes sales calcáreas y carbonato de calcio. Por ello, se secan rápidamente, dificultando que las plantas puedan absorber los nutrientes. Son suelos que presentan un pH elevado. En la mayoría de casos, se trata de suelos claros o blanquecinos, aunque también se pueden encontrar rojos o anaranjados.

- **Suelo humífero**: Este tipo de suelo recibe su nombre de la abundante cantidad de humus que lo forma. Es decir, se trata de suelos que presentan una cantidad muy elevada de materia orgánica. Esto los convierte en suelos muy fértiles y fáciles de trabajar. Suelen presentar un color oscuro, a veces casi negro.

## Preparar el sustrato para cultivar en suelo

Una vez que se conocen los conceptos básicos que afectan al suelo, se está en condiciones de valorar el tipo de suelo que se tiene delante y considerar si es necesario llevar a cabo alguna enmienda del mismo antes de la siembra.

Las enmiendas agrícolas consisten en aportar material adicional al suelo que se va a cultivar con el objetivo de mejorar su calidad de cara al cultivo. Las enmiendas deben hacerse antes del cultivo. De esta forma, una vez que se añade el material nuevo, se puede mezclar correctamente con la capa superior del suelo y conseguir un sustrato mucho más adecuado para el tipo de cultivo que se va a plantar.

El objetivo de cualquier enmienda del suelo debe ser obtener un suelo apto y que termine siendo agradecido con el cultivo. En este sentido, lo más adecuado es adaptar las enmiendas para buscar transformar el suelo en un suelo franco o humífero.

Sin embargo, hay que tener en cuenta que, al plantar en suelo, las características originales del terreno siempre van a estar presentes, por lo que es importante valorar también qué tipo de cultivo se puede adaptar mejor al sustrato de base que tenemos delante.

Para preparar el sustrato para plantar en suelo debemos controlar la granulometría (que podremos corregir añadiendo más o menos arena o arcilla según sea el caso, o directamente aportando materia orgánica), así como la relación entre materia orgánica y mineral del suelo.

Por lo general, para cualquier cultivo, siempre va a ser recomendable abonar el suelo de forma previa a la siembra. Por ello, la preparación del sustrato para cultivar en suelo debe complementarse con el aporte de algún abono o fertilizante ecológico (compost, mantillo, abonos verdes, etc.).

## Preparar el sustrato para cultivar en recipiente

Además de poder cultivar directamente en suelo, también se puede hacer en un recipiente (por ejemplo, en macetas o mesas de cultivo). De hecho, en el caso de los huertos urbanos, es una técnica bastante habitual.

En este caso, más que preparar el sustrato para el cultivo, lo que se va a tener que hacer es escogerlo, ya que se adquiere y se coloca directamente en el soporte elegido para el huerto.

Al cultivar en recipiente, no vamos a tener que preocuparnos por las características originales del suelo (ya que no hay suelo propiamente dicho). Por ello, lo que tenemos que hacer es asegurarnos de escoger un sustrato que presente las condiciones adecuadas para el cultivo de los vegetales que vamos a plantar.

Además, al tratarse de un cultivo en recipiente, otro de los aspectos primordiales que hay que tener en cuenta es el drenaje, que además de estar condicionado por el sustrato también lo está por la estructura del soporte del cultivo. En este sentido, es indispensable asegurarse de que las macetas o mesas de cultivo que se utilizan permiten una correcta evacuación del exceso del agua por la parte inferior de las mismas.

A la hora de escoger un sustrato para cultivar en recipiente existen diversas opciones disponibles. Sin embargo, la opción más recomendable es decantarse por el denominado "sustrato universal". Este producto es un tipo de sustrato que se comercializa ya preparado y que presenta unas condiciones óptimas para el uso tanto en jardinería como en agricultura. Su

*Algunas hortalizas crecen sin problema cuando se las cultiva en maceta. Esto permite instalar un huerto urbano en lugares donde no se tiene acceso a un suelo de tierra.*

formulación puede variar de un fabricante a otro. No obstante, en la mayoría de los casos, suelen dar muy buenos resultados.

Si al final nos decantamos por esta solución a la hora de preparar el sustrato para cultivar en recipiente, lo más importante es escoger un sustrato universal con certificado ecológico. De esta forma, tenemos la garantía de que se trata de un sustrato formulado íntegramente con materia natural y libre de componentes químicos.

# 7. El pH del suelo

Uno de los elementos que se tienen que tener en cuenta a la hora de cultivar (especialmente cuando lo hacemos en suelo) es el pH, que nos indica el grado de acidez o alcalinidad de la tierra y que influye a la hora de que las plantas crezcan más o menos fuertes.

## Qué es el pH del suelo

Se habla de pH del suelo para referirse al grado de acidez o alcalinidad de la tierra en la que se realiza el cultivo. El pH, o grado de acidez, se expresa en números que van desde 0 hasta 14.

El 0 representa el grado de mayor acidez posible, mientras que el 14 hace referencia al grado de mayor alcalinidad. De esta forma, el 7 va a significar que estamos ante un suelo denominado como neutro, y es la mejor opción en la mayoría de los casos.

## Por qué es importante tener en cuenta el pH del suelo

El pH del suelo de cultivo es importante porque va a influir en la forma en que las plantas crecen. Por lo general, la mayoría de las plantas van a preferir suelos neutros. Es decir, con un pH en torno a 7.

Sin embargo, también hay determinadas especies que prefieren suelos ligeramente ácidos o ligeramente alcalinos. Salvo excepciones, es importante remarcar la palabra "ligeramente". Cuando se habla de que una planta prefiere un suelo ácido se está haciendo referencia a suelos en torno a un grado de acidez en torno a 6 o 6,5 aproximadamente. Mientras que cuando hablamos de plantas que prefieren suelos alcalinos nos estamos refiriendo a suelos con un pH en torno a 7,5 u 8.

Por ello, salvo excepciones, es preferible evitar los suelos muy ácidos y muy alcalinos, ya que no ofrecen buenos resultados en la mayoría de los casos.

## Cómo medir el pH del suelo

Para medir el pH del suelo vamos a necesitar un medidor de pH. Actualmente, se pueden encontrar principalmente dos tipos de dispositivos que nos permiten realizar esta medición:

- **Medidores del pH electrónicos**: Se trata de dispositivos eléctricos que, generalmente, funcionan introduciendo una o dos varillas en el sustrato mezclado con agua. A continuación, el equipo realiza diferentes mediciones y nos informa del pH concreto del suelo en cuestión.

- **Medidores del pH con bandas reactivas**: Se trata de un sistema de medición más tradicional y que no requiere de electricidad. Las bandas reactivas son bandas (generalmente fabricadas en papel) que, al contacto con un material concreto, reaccionan y cambian de color. Según el color que adopten estamos ante un pH u otro.

Aunque estos dispositivos son los más habituales, hoy en día se pueden encontrar otros medidores del pH del suelo en el mercado. Según el dispositivo que se adquiere, se debe usar de un modo u otro. En este sentido, es importante seguir siempre las instrucciones del fabricante en cada caso, ya que es la forma correcta de asegurar un buen resultado en la medición.

## Cómo modificar el pH del suelo

Una vez que ya conocemos el pH del suelo pueden pasar dos cosas. O bien que el pH sea el correcto para el cultivo que tenemos en mente, o que el grado de acidez no sea el óptimo. En el primer caso, podemos continuar sin problema, mientras que en el segundo se aconseja llevar a cabo una enmienda del suelo para corregir el pH y adecuarlo lo más posible a las condiciones óptimas para el cultivo.

Para corregir el pH del suelo tenemos que añadirle determinados materiales que, según el caso, permiten subir el pH (es decir, alcalinizar el suelo) o bajarlo (es decir, acidificar el suelo).

En el caso de querer subir el pH se recomienda añadir materiales como calizas y margas trituradas. Por el contrario, en el caso de querer bajar el pH, lo más aconsejable es incorporar sulfato de hierro. Otra opción para bajar el pH es, simplemente, añadir algún abono orgánico (por ejemplo, estiércol o mantillo), ya que la materia orgánica tiene la capacidad de acidificar ligeramente el suelo por sí sola.

# 8. Introducción al abonado

Otro de los aspectos que hay que tener en cuenta para que nuestro huerto urbano y ecológico funcione correctamente es el abonado. El abonado es la acción de añadir abono al sustrato de cultivo para aportar nutrientes. Existen diferentes tipos de abono, así como distintas formas de añadirlo al sustrato. Según sea el caso, es más recomendable hacerlo de un modo u otro.

## Cómo añadir el abono al sustrato

Básicamente, se puede abonar de dos formas diferentes. Enterrando el abono o añadiéndolo directamente en superficie.

En el caso de que se opte por abono enterrado, este se añade al sustrato de base y se remueve bien hasta obtener una mezcla perfectamente homogénea. Esta es la mejor opción si añadimos abono antes de cultivar cualquier planta, ya que permite nutrir la tierra directamente y enriquecerla para que las plantas crezcan fuertes y sanas desde el principio. Cuando se añaden abonos enterrados, se puede optar tanto por abonos muy descompuestos como poco descompuestos (por ejemplo, abonos verdes), ya que, al estar enterrados, el proceso de descomposición se realiza de forma más efectiva y sin afectar a las partes de la planta situadas en la superficie del suelo.

Por otro lado, también se puede abonar el sustrato directamente en superficie. En este caso, el abono se debe esparcir de forma homogénea sobre la superficie del suelo, creando una fina capa que cubra la superficie de la tierra. En este caso, los nutrientes llegan a las raíces mediante el agua, que los transporta desde la superficie hasta el interior del sustrato. Este tipo de abonado se recomienda en el caso de que ya haya plantas cultivadas y no se pueda remover el sustrato. Además, cuando se aplica este tipo de abonado, es preferible decantarse por abonos más descompuestos (por ejemplo mantillo), ya que, al estar en superficie, el proceso de descomposición puede ser más lento y termina por ocupar parte de la superficie del terreno que puede destinarse al crecimiento de las plantas.

Otra opción de abonado es diluir los nutrientes directamente en el agua de riego (por ejemplo, en forma de purines). Sin embargo, este método es más laborioso en el caso de los cultivos ecológicos, por lo que, aunque se puede utilizar, suelen resultar más prácticos los abonos que se aplican en forma sólida (ya sea enterrados o en superficie).

## Cuándo abonar el sustrato

Un aspecto importante que hay que tener en cuenta cuando se habla del abono es el momento más adecuado para abonar un sustrato. Al igual que un suelo pobre y carente de nutrientes afecta negativamente a las plantas, abonar en exceso el suelo también puede ser perjudicial para el cultivo.

Existen dos momentos concretos en los que es recomendable abonar el sustrato de un cultivo. En primer lugar, antes de cultivar. Antes de iniciar el cultivo se recomienda añadir abono al sustrato para conseguir mejorar la calidad de la tierra y lograr así un suelo más nutritivo y que ofrezca mejores condiciones de crecimiento. Esto es especialmente importante en el caso de que se trate de un sustrato que ya ha sido utilizado en un cultivo anterior y que, precisamente por ello, puede haber perdido nutrientes.

*Los suelos ricos en nutrientes dan cosechas más abundantes y de mejor calidad. Abonando el terreno se puede enriquecer el suelo y conseguir que los cultivos crezcan más sanos y fuertes.*

En segundo lugar, cuando notamos alguna carencia de nutrientes en el suelo o cuando notamos que las plantas no prosperan como deberían. Cuando sucede esto, lo más recomendable es abonar en pequeñas dosis, ya que, si nos quedamos cortos, siempre podremos añadir más cantidad. Pero si aplicamos demasiado abono puede ser perjudicial para el cultivo y no podremos retirar el abono ya añadido.

## Qué es un abono ecológico

Existen muchos tipos de abono. A grandes rasgos, podemos distinguir dos tipos de abonos concretos: los abonos ecológicos y los abonos químicos.

Hablamos de abonos ecológicos para referirnos a sustancias fertilizantes que se añaden al sustrato y que, al ser de procedencia natural, tienen la característica de no ser dañinos para el ecosistema.

Por el contrario, hablamos de abonos químicos cuando nos referimos a abonos que, aunque actúan como fertilizantes de los cultivos, también afectan al resto del ecosistema en donde se ubican dichos cultivos. Estos abonos químicos son muy potentes, pero terminan dañando y empobreciendo el sustrato (que termina siendo dependiente de los propios abonos químicos para poder producir buenas cosechas).

Además, los abonos químicos no son inocuos para el medio ambiente. Estos fertilizantes, por acción del agua, son arrastrados y se dispersan en los ecosistemas cercanos. De hecho, terminan llegando a los acuíferos y los contaminan. Por ejemplo, al llegar a los ríos, provocan un aumento incontrolado de algunas algas, lo que implica un desequilibrio negativo para el entorno.

Como es lógico, en un huerto ecológico solo se deben utilizar abonos ecológicos, que son los que vamos a ver a continuación.

# 9. Abonos ecológicos habituales

Los abonos ecológicos son bastante variados. En este capítulo explicamos algunos de los más comunes y útiles, aunque es importante recalcar que no son las únicas opciones disponibles. No obstante, sí que constituyen una variedad lo suficientemente amplia como para dar respuesta a las diversas necesidades del huerto urbano y ecológico.

## Estiércol

En términos generales, se habla de estiércol para referirse a los excrementos de los animales. El estiércol es una mezcla de materias orgánicas descompuestas, lo que permite fertilizar la tierra aportando una gran cantidad de materia orgánica y nutrientes (por ejemplo, nitrógeno).

Se trata de un abono ecológico usado desde la antigüedad, ya que permite compaginar la actividad agrícola con la ganadera. Es más efectivo si antes de aplicarse se ha sometido a un proceso de fermentación y transformación.

Otro aspecto importante a la hora de hablar del estiércol como abono es que no todos los estiércoles son iguales. Por lo general, algunos de los más usados son el de ganado bovino y equino.

Hay que tener en cuenta que un exceso de estiércol en la tierra modifica el pH del suelo y puede llegar a contaminar las aguas subterráneas. Por ello, siempre hay que adaptar las cantidades de estiércol al tipo que se utiliza, a las condiciones iniciales del suelo y a la superficie que se va a abonar.

*El uso del estiércol como abono permite aprovechar este desecho de la actividad ganadera.*

## Abonos verdes

Los abonos verdes son aquellos que utilizan restos de vegetación para fertilizar el suelo. Se puede aplicar de dos maneras, ya sea enterrando los restos vegetales en el sustrato o dejándolos en superficie para que se descompongan ahí directamente.

Para obtener abono verde se pueden utilizar restos vegetales a partir de restos de poda o de malas hierbas o, si se prefiere, cultivar expresamente para ello. En este último caso, se recomienda cultivar leguminosas, ya que son unas excelentes fijadoras de nitrógeno.

En este caso, se plantan las leguminosas y, justo antes de la floración, se cortan a ras de suelo. A continuación, se dejan los restos en superficie (las raíces permanecen enterradas), o se mezclan todos los restos con el sustrato. De esta forma, el suelo obtiene un aporte de nutrientes extra gracias a los restos vegetales que se incorporan al sustrato y que están enriquecidos con el nitrógeno que, durante la fase de crecimiento, han obtenido del aire.

## Abonos líquidos caseros

Los abonos líquidos caseros se obtienen principalmente a partir de vegetales (por ejemplo, usando restos de hortalizas que se desechan en la cocina). Para ello se toman estos restos y se maceran o infusionan.

En el caso de la maceración, se juntan los restos vegetales que queremos utilizar y los colocamos en un recipiente con agua. Los dejamos macerar durante unos cuantos días (preferiblemente removiendo de vez en cuando) y después usamos esta agua para regar.

En el caso de las infusiones tomamos los restos vegetales y los herviremos en una olla. A continuación, dejamos que el líquido resultante se enfríe y, cuando esté a temperatura ambiente, lo usamos como agua de riego.

En ambos casos, es muy importante utilizar solo los restos vegetales que no se hayan contaminado con ingredientes de la cocina que no son compatibles con el agua de riego (por ejemplo, sal o aceites).

Un buen ejemplo de este tipo de abono es la infusión de plátano (especialmente útil para preparar un abono ecológico rico en potasio). Para prepararla basta con hervir cáscaras de plátano y, con el agua fría, regar los cultivos que queremos abonar.

## Compost

Otro de los abonos ecológicos más utilizados es el compost. El compost es un abono natural creado a partir de la acción de diferentes organismos (bacterias, hongos, lombrices, etc.). Se obtiene juntando diversos restos de materia orgánica y esperando a que la acción de estos organismos descomponga los restos hasta darles un aspecto terroso y homogéneo. El material resultante es muy rico en nutrientes de todo tipo y contribuye a enriquecer cualquier sustrato en el que se añade.

El compost se puede adquirir directamente preparado en comercios de agricultura y jardinería o, si se prefiere, fabricarlo uno mismo.

## Mantillo

El mantillo es uno de los abonos naturales que se utiliza con mayor frecuencia para enriquecer el sustrato. En este caso, se trata de un material resultante de la acumulación de restos orgánicos en el suelo (principalmente, hojas y ramas) y en proceso de descomposición. Se genera de la misma forma que el compost pero, en el caso del mantillo, esta acción de descomposición se realiza de forma natural en el suelo y no de forma controlada o supervisada por el ser humano.

El mantillo aporta gran cantidad de nutrientes al cultivo, además de conseguir aumentar ligeramente la temperatura del suelo como efecto del proceso de oxidación (lo que es muy útil en zonas donde los inviernos son especialmente fríos).

## Humus de lombriz

Otro de los abonos ecológicos que más nutrientes aporta a nuestro huerto urbano y ecológico es el humus de lombriz o vermicompost.

Este abono es un tipo de compost concreto, producido a partir de la acción de las lombrices de tierra. En este caso, el proceso de fabricación es similar al del compost en general, pero las lombrices cumplen el papel protagonista en el proceso de descomposición de la materia orgánica que se va a compostar.

Entre las muchas ventajas de este abono cabe destacar que se trata de un fertilizante con un nivel muy elevado de nutrientes, que mejora la estructura del suelo y que, además, no produce olores.

## Posos de café

Los restos del café son otro de los abonos naturales que no pueden faltar en un huerto urbano y ecológico. Además, cuenta con la ventaja de que se puede obtener de forma muy sencilla (basta con hacer café en casa).

Aporta gran cantidad de nutrientes básicos a las plantas. Entre todos, cabe destacar el nitrógeno por su elevada concentración. Pero también constituye una fuente importante de fósforo, potasio, calcio, magnesio y azufre, entre otros. Al tratarse de posos molidos, se puede aplicar directamente en superficie o mezclado con el resto del sustrato, por lo que se adapta perfectamente a cualquier fase del cultivo.

Lo único que hay que tener en cuenta a la hora de utilizar este abono es que el café sea natural y no contenga aditivos u otros ingredientes

*Los posos del café se pueden utilizar como abono ecológico en el huerto. Al estar triturados, aportan gran cantidad de nutrientes fáciles de asimilar por las plantas.*

incompatibles con el cultivo. Una buena forma de asegurarse de ello es comprar café de cultivo ecológico.

## Ceniza de leña

La ceniza de leña actúa como abono natural y ecológico cuando se añade al sustrato del huerto. Se trata de un abono muy práctico, ya que se presenta en un estado muy descompuesto y es fácil de asimilar por las plantas. Entre los muchos nutrientes que aporta cabe destacar el nitrógeno, el fósforo y potasio. Se puede obtener fácilmente a partir de las cenizas de la leña de una chimenea o una estufa.

La única precaución que hay que tener en cuenta si se va a usar ceniza como abono es que la ceniza sea exclusivamente de madera. Es decir, que

*La ceniza de la leña también se puede utilizar como abono en el huerto ecológico. Pero hay que tener cuidado de que la ceniza no esté mezclada con sustancias incompatibles.*

no se hayan quemado otros materiales distintos a la propia madera y que la madera usada para obtener la ceniza no tenga sustancias incompatibles con el cultivo ecológico. Por ejemplo, productos químicos como barnices, pinturas, pegamentos, etc.

# 10. Cómo fabricar compost en casa

El compost es uno de los mejores abonos que se pueden utilizar para enriquecer todo tipo de sustratos. Además, tiene una ventaja adicional: se fabrica a partir de residuos orgánicos.

De esta forma, no solo se obtiene el preciado abono, sino que también se consigue reducir la producción de basura (ya sea a nivel doméstico o a mayor escala).

## Qué es el compost

El compost es un material de aspecto terroso que se obtiene de la descomposición de la materia orgánica. Esta descomposición se lleva a cabo de forma natural gracias a la acción de los organismos descomponedores (principalmente hongos y bacterias) aunque también hay otros organismos de mayor tamaño que contribuyen a esta acción (por ejemplo, algunos artrópodos y, sobre todo, las lombrices de tierra).

Una vez que se ha completado el proceso de compostaje, el compost se utiliza para abonar la tierra, ya que contiene una gran cantidad de nutrientes útiles para las plantas.

## Elegir una compostadora

Para fabricar compost en casa, lo primero que vamos a necesitar es disponer de una compostadora. Es decir, la herramienta que nos va a permitir almacenar los residuos orgánicos que queremos compostar y donde se va a producir el proceso de descomposición que da lugar al compost.

*El compostaje de restos de materia orgánica permite obtener abono ecológico de gran calidad y fácil de producir.*

Hoy en día se pueden adquirir compostadoras prefabricadas en muchos comercios de agricultura y jardinería. Estas suelen ser una buena opción para los principiantes, ya que facilitan al máximo el proceso al estar especialmente diseñadas para ello. Además, también representan la opción más cómoda y fácil a la hora de realizar el compostaje.

Si se opta por esta solución es muy importante seguir las instrucciones de cada fabricante, ya que pueden existir variaciones en el modo de uso entre los distintos modelos.

Otra opción que no se puede pasar por alto es la posibilidad de fabricar uno mismo una compostadora doméstica. Si optamos por esta alternativa, es importante tener en cuenta una serie de elementos clave para asegurar unos buenos resultados.

- **Contar con un lugar adecuado y al aire libre**: El proceso de compostaje produce gases y atrae a pequeños animales, por lo que es importante que se lleve a cabo al aire libre y en un lugar con buena ventilación.

- **Escoger un lugar con temperaturas templadas**: El lugar donde se ubique la compostadora debe tener una temperatura relativamente estable. En este sentido, es importante evitar colocar la compostadora en un lugar donde haga demasiado calor o demasiado frío.

- **Es preferible una estructura sin fondo:** Si fabricamos una compostadora sin fondo (de tal forma que los restos orgánicos estén directamente en contacto con el suelo), permitimos que las lombrices de tierra participen en el proceso de compostaje, lo que mejora considerablemente los resultados.

- **La estructura debe favorecer la ventilación**: El proceso de compostaje no es un proceso de putrefacción. Para asegurarnos de que los residuos orgánicos se convierten en compost, es indispensable que haya una buena ventilación entre las distintas capas de residuos que añadimos. Sin embargo, la compostadora también debe garantizar unas condiciones mínimas de humedad. Por ello, muchas compostadoras suelen contar con una estructura vertical con aberturas a los lados. Esto permite almacenar los residuos orgánicos y garantizar una humedad correcta pero, al mismo tiempo, permite que el aire circule entre las distintas capas de los residuos almacenados.

*Los restos de fruta y verdura son materiales perfectos para añadir a la compostadora.*

> **• Elección del material**: La estructura de una compostadora doméstica puede estar fabricada de diversos materiales. Se pueden encontrar compostadoras hechas con mallas de metal, plástico, piedra, ladrillo o incluso madera. De hecho, una opción ecológica y muy económica es construirla utilizando materiales reciclados.

## Cómo debe ser una compostadora doméstica

No existe una única forma de fabricar una compostadora doméstica. Sin embargo, sí que es necesario que tenga una forma que permita que el proceso de descomposición de los residuos orgánicos se lleve a cabo de forma adecuada.

Es decir, que los residuos se puedan ir almacenando en capas sucesivas unas sobre otras. De estas capas, las inferiores son las más antiguas, y también las más descompuestas. Mientras que las superiores son las más nuevas y, por ello, las menos descompuestas.

La mejor estructura que se puede escoger para una compostadora doméstica es una estructura que favorezca la verticalidad en el

*Una buena compostadora debe favorecer la aireación del compost. También debe permitir recoger el compost más descompuesto que se acumula en la parte inferior.*

almacenamiento. De esta forma, las capas de residuos orgánicos se pueden ir almacenando unas encima de otras y, al mismo tiempo, se favorece una correcta aireación y se reduce el espacio que ocupa en el jardín.

Respecto al tamaño de la compostadora cabe mencionar que no hay un tamaño mejor que otro. Como es lógico, cuanto mayor sea, mayor será también la cantidad de compost que se pueda producir. Pero hay que tener en cuenta que las compostadoras con una base muy amplia pueden dificultar la aireación y favorecer la putrefacción de algunos residuos. Por ello, si la cantidad de residuos que se va a compostar es abundante, una buena opción puede ser fabricar varias compostadoras más pequeñas en lugar de una de gran tamaño.

Como norma general, una base de un metro cuadrado es una buena superficie para una compostadora doméstica.

Por último, es importante recordar que toda compostadora necesita tener una vía de acceso a la parte inferior del depósito. El compost se acumula en la parte más baja de la compostadora y, para poder recogerlo sin necesidad de mover las capas superiores, es necesario poder acceder con facilidad a esta parte inferior del depósito de la compostadora.

## Qué se puede echar en una compostadora

Uno de los aspectos más importantes a la hora de fabricar compost casero es seleccionar correctamente los residuos que se añaden y los que no. Hay que tener en cuenta que la compostadora no debe convertirse en el cubo de la basura. Solo los residuos orgánicos se pueden convertir en compost. Sin embargo, esto no significa que todos los residuos orgánicos puedan añadirse a la compostadora.

A continuación se detallan algunos de los residuos domésticos que sí que se pueden añadir a la compostadora:

- Restos de frutas y verduras

- Posos de café

- Posos de té

- Cáscaras de huevo

- Hojas y ramas

- Restos de malas hierbas y poda

- Paja

- Serrín de madera (solo de madera no tratada químicamente)

- Ceniza de madera (solo de madera no tratada químicamente)

Por el contrario, algunos de los residuos orgánicos que es mejor evitar añadir a la compostadora son los siguientes:

- Carnes

- Pescados

- Lácteos

- Aceites y grasas

- Restos vegetales que tengan aceite y/o sal

- Papel (la mayoría de papeles incluyen productos químicos)

- Polvo de aspiradora

- Pelo

- Excrementos

## Cómo llevar a cabo el proceso de compostaje

Una vez que tenemos nuestra compostadora doméstica lista y sabemos qué se puede compostar y qué no, llega el momento de iniciar el proceso.

El proceso de compostaje puede ser largo. Por lo general, no veremos resultados antes de varios meses. Es decir, no podemos retirar el compost listo para abonar los cultivos hasta después de este tiempo.

Existen diversas formas de compostar. Sin embargo, la más sencilla y la más recomendable para los principiantes consiste en ir separando los restos que se van a compostar e ir incluyéndolos en la compostadora por capas. Esto se debe a que, si los restos que se echan a la compostadora son de una misma tipología (solo restos vegetales, solo serrín, solo posos de café, etc.), es probable que los residuos se compacten demasiado, lo que impide la correcta ventilación y el proceso de compostaje.

Por el contrario, si separamos los residuos por tipos y los colocamos por capas (de 2 a 5 centímetros aproximadamente cada una), obtenemos mejores resultados y en menor tiempo.

O sea, que podemos colocar una capa de restos de vegetales de la cocina seguida de otra de restos de ceniza, a continuación otra de restos de café, después otra de restos vegetales del huerto o jardín, etc. Esta forma de distribuir los restos que vamos a compostar mejora considerablemente el proceso de descomposición y, en consecuencia, también obtenemos resultados mucho antes.

No obstante, hay que tener en cuenta que no es indispensable llevar a cabo esta separación por capas (lo que puede generar rechazo en algunos casos, especialmente cuando se es principiante en el compostaje).

Si lo que se quiere es optar por un compostaje que dé prioridad a la comodidad del agricultor, basta con ir añadiendo los residuos unos sobre otros a medida que estos se vayan produciendo. No obstante, cuando se opta por esta técnica, suele ser conveniente remover los residuos cada cierto tiempo (de forma semanal o quincenal según el nivel de compactación). De esta forma, se consigue evitar que los restos se compacten en exceso, lo que favorece que el nivel de humedad de los residuos sea el adecuado (ni demasiado húmedo ni demasiado seco) y que el aire circule con normalidad entre la materia orgánica almacenada.

Pasados unos meses desde el inicio del proceso de compostaje podemos recoger las capas más antiguas, que ya se habrán convertido en el preciado compost.

Según el tipo de compostadora que tengamos, accederemos al compost de un modo u otro. No obstante, en todos los casos, el compost siempre se va a ubicar en las capas inferiores de la compostadora. Esto se debe a que son las capas que más tiempo llevan en proceso de descomposición. Además, durante la descomposición, los restos orgánicos se van haciendo más pequeños de forma progresiva. Esto, unido a la gravedad, hace que los materiales más degradados se acumulen en la parte más baja del depósito de la compostadora.

## Cómo saber si el compost está listo para ser usado

El compost se completa después de un largo proceso de descomposición en el que organismos microscópicos, artrópodos y lombrices (entre otros) transforman los restos orgánicos en compost. Por ello, el grado de descomposición de los restos puede variar según el momento en el que se encuentra el proceso.

*Cuando el compost está listo para ser usado tiene un aspecto terroso, mullido y homogéneo.*

Por lo general, cuanto más descompuesto está el material resultante, mejor es la calidad del compost.

Se suele considerar que el compost está listo cuando tiene un aspecto similar al de la tierra, muy granulado, homogéneo, sin que se puedan distinguir claramente las partes de los residuos orgánicos originales y, además, cuando presente un olor característico que suele recordar al de los sotobosques naturales.

Si las capas inferiores de la compostadora presentan estas características, significa que esa parte de los residuos se puede recolectar y ser usada como abono en el huerto.

*Las lombrices de tierra son muy positivas para la salud del huerto. Descomponen la materia orgánica y la convierten en abono. Además, también contribuyen aireando el sustrato.*

Respecto al resto de residuos, debemos dejarlos en la compostadora. Después de la recolección del compost, seguimos añadiendo residuos orgánicos con normalidad en las capas superiores. Cuando en la capa inferior se vuelva a acumular compost listo para ser usado, lo recolectamos de nuevo y seguimos con el proceso de manera indefinida, tal y como hemos hecho hasta ahora.

## Otros consejos importantes relativos al proceso de compostaje doméstico

Además de lo ya mencionado respecto al proceso de compostaje, también conviene tener en cuenta lo siguiente:

- Si los restos orgánicos se trocean antes de añadirlos a la compostadora, aumenta la velocidad del proceso de compostaje. Esto se debe a que las partes dañadas de los vegetales permiten que los microorganismos desarrollen su labor de descomposición de forma más rápida, por lo que todo el proceso se lleva a cabo en menos tiempo.

- Si en el compost empiezan a aparecer manchas blancas de moho significa que los residuos están demasiado secos y mal aireados. En este caso, es recomendable airear los residuos removiéndolos para facilitar el paso del aire y, además, se deben regar para aumentar su nivel de humedad.

- Si de la compostadora empiezan a salir malos olores (olor a putrefacción), el problema suele deberse a que hay un exceso de agua y una mala aireación. En este caso, hay que mejorar el aireado y limitar la presencia de restos que contribuyen a aumentar la humedad (por ejemplo, restos de fruta).

- Si después de varias semanas el compost parece que no evoluciona y ninguna de sus partes muestra signos de descomposición, es muy probable que tenga una mala aireación. Cuando sucede esto es necesario remover los residuos y mejorar el grado de aireación.

- Aunque el proceso de compostaje se desarrolla por sí solo sin problemas, este se puede acelerar si incorporamos determinadas sustancias. Estas sustancias se denominan activadores del compost, y pueden encontrarse en tiendas de jardinería y agricultura. Como nuestro objetivo es que nuestro cultivo sea completamente ecológico, igual que nuestro compost, si utilizamos estos activadores, también deben ser ecológicos. Algunos ejemplos de activadores de compost ecológicos son el estiércol, la sangre seca, el nitrógeno amoniacal o productos desarrollados a partir de determinadas enzimas, levaduras y bacterias naturales.

- Para obtener los mejores resultados durante el compostaje, se recomienda alternar los tipos de residuos orgánicos que se añaden a la compostadora. Limitar los residuos a una sola clase o unas pocas suele favorecer que estos se apelmacen en exceso. Por el contrario, incorporar residuos orgánicos de distintas tipologías ayuda a que el compost esté bien aireado, conserve la cantidad justa de humedad y, en resumen, que todo el proceso se desarrolle de forma mucho más efectiva y sin complicaciones.

- Si observamos que en las capas inferiores del compost empiezan a aparecer bichos como lombrices, cochinillas de humedad, larvas, o incluso mosquitos, no hay que preocuparse. Su presencia significa que el proceso de descomposición avanza correctamente. De hecho, estos pequeños animales (junto con los microorganismos que no vemos) contribuyen en el proceso de compostaje. Su presencia es señal de que todo está evolucionando correctamente.

## Cómo usar el compost

A pesar del aspecto terroso del compost, hay que tener en cuenta que se trata de un abono, no de un sustrato en sí mismo. Por ello, no debe utilizarse como única base para los cultivos. Por el contrario, el compost se debe utilizar añadiéndolo al sustrato (ya sea mezclándolo con la tierra o añadiéndolo de forma superficial).

El uso del compost se puede hacer de varias formas:

- **Añadir compost para cultivar en soporte**: En el caso del sustrato de una maceta, mesa de cultivo o similar, basta con añadir un par de puñados al sustrato y removerlo hasta que se mezcle de forma homogénea.

- **Añadir compost para cultivar en suelo**: En el caso de querer abonar un suelo, lo más recomendable es añadir una capa de compost por toda la superficie. Esta capa debe tener un grosor aproximado de entre 2 y 5 centímetros. A continuación, con ayuda de una pala, se procede a mezclar el compost con el resto del sustrato hasta que queda perfectamente integrado y homogéneo.

- **Añadir compost en cultivos en proceso**: En este caso, el compost se puede añadir de forma superficial en cualquier sustrato. No obstante, cuando se añade de forma superficial, lo más aconsejable es añadir poca cantidad. Es decir, es preferible abonar varias veces con poca cantidad que una única vez con mucha.

# 11. El riego

El riego es uno de los factores más importantes que hay que tener en consideración en cualquier huerto. Además del sustrato y la luz, para crecer y desarrollarse correctamente, las plantas van a necesitar agua.

Los vegetales toman el agua a través de las raíces, igual que hacen con el resto de nutrientes presentes en el sustrato. Por ello, no tiene demasiado sentido regar el tallo o las hojas (a menos que queramos humedecer el ambiente o limpiarlas).

Una de las principales cuestiones que hay que tener en cuenta respecto al riego es ajustar la cantidad de agua a las necesidades de cada tipo de cultivo. Hay plantas que necesitan un aporte de agua casi diario, y otras que pueden sobrevivir únicamente con el agua que les aporta la lluvia de forma natural. Además, también hay que tener en cuenta las condiciones climáticas y la temperatura de cada zona, ya que esto influye en la evaporación y la velocidad a la que se seca el sustrato.

## Tipos de cultivo según la demanda de agua

Según las necesidades de agua, los cultivos se pueden catalogar en dos tipos:

- **Cultivo de regadío:** Son aquellos que requieren ser regados por el agricultor. Es decir, aquellos que no obtienen suficiente agua solo con la lluvia. Algunos ejemplos de cultivo de regadío son los tomates, los pimientos, las espinacas, etc.

- **Cultivos de secano:** Son aquellos que no requieren ser regados de forma activa por el agricultor. Esto no significa que no necesiten agua, sino que, debido a que su demanda de agua es pequeña, les basta con el agua de la lluvia para crecer y desarrollarse sin problema. Algunos ejemplos de este tipo de cultivo son el olivo y la vid.

Hay que tener en cuenta que, al hablar de huertos urbanos, las necesidades de agua de los cultivos pueden variar.

Por ejemplo, se puede dar el caso de un cultivo de secano que, al estar en suelo, no requiere riego de ningún tipo. Sin embargo, en el caso de que dicho cultivo se ubique en una maceta (algo habitual en el caso de los huertos urbanos), puede que sí que necesite un aporte adicional de agua si las condiciones ambientales son muy secas.

Por ello, aunque existen cultivos de regadío y de secano, en el caso de los huertos urbanos, donde las condiciones ambientales pueden variar bastante de un caso a otro, es importante adaptarse a las características concretas de cada cultivo y situación.

## El riego por goteo: la opción más ecológica

Existen diferentes tipos de riego. Sin embargo, si queremos que nuestro huerto urbano sea lo más ecológico posible, el control del consumo de agua también es un factor al que debemos prestar atención.

Existen tipologías de riego que consumen mucha agua y que, en la mayoría de los casos, esta agua no es utilizada por la planta. En este sentido, los riegos por aspersión o por nebulización implican un consumo elevado de agua y, en la mayoría de los casos, se trata de agua que termina tanto en las hojas de la propia planta como en la tierra adyacente. Esto, en general, constituye un desperdicio de agua innecesario, que además de ser insostenible también implica un gasto económico igual de innecesario.

Debido a esto, a la hora de optar por un sistema de riego para nuestro huerto urbano y ecológico, la mejor opción sin lugar a dudas es el riego por goteo.

El riego por goteo es un sistema que distribuye diversas canalizaciones de pequeño tamaño a lo largo de todo el huerto. Estas canalizaciones cuentan con los denominados goteros. Los goteros son conexiones de la canalización que, regulados mediante una rosca, permiten que el agua salga en la cantidad necesaria.

Es decir, cuando se instala un sistema de riego por goteo se distribuyen las canalizaciones por todo el terreno que se quiere regar, buscando que haya un gotero en la base de cada planta. De esta forma, cuando el agua recorre las canalizaciones y llega a los respectivos goteros, el agua sale y riega el suelo gota a gota.

Además, como los goteros se regulan con el sistema de rosca, se puede graduar a la perfección la cantidad de agua necesaria en cada caso. De este modo, se adapta sin problemas a las distintas necesidades de agua de cada tipo de cultivo.

El riego por goteo es, sin duda, la opción más sostenible que existe en la actualidad. Se trata de un sistema de riego económico de instalar, con bastante durabilidad y que nos permite evitar el desperdicio de agua en el huerto.

## El riego automático

El riego automático no es una modalidad de riego en sí misma, sino una opción disponible para incorporar a los diferentes sistemas de riego. Por ello, en lugar de hablar de riego automático, quizás sería más adecuado hacerlo de automatización del riego.

Los sistemas de riego automático se basan en instalar un programador que activa y desactiva el riego acorde a la programación previa que se le ha dado.

Es decir, se trata de un dispositivo que permite que el agricultor no tenga que llevar a cabo la labor del riego de forma diaria, sino que esta se realiza por sí sola de manera automática.

Esto conlleva muchas ventajas. Principalmente, además de la comodidad que implica desentenderse de la labor periódica del riego, la automatización del riego también va a permitir que el agricultor pueda ausentarse del huerto durante varios días sin que ello ponga en peligro el cultivo (por ejemplo, en el caso de tener que realizar un viaje).

La automatización del riego es una acción que se puede realizar en la mayoría de sistemas de riego convencionales, incluido también el riego por goteo. Si estamos pensando en instalar un sistema de riego en el huerto, la mejor opción sin lugar a dudas es un sistema de riego por goteo y automático.

## El riego con regadera

Paralelamente a los sistemas de riego, merece una mención aparte el uso de la regadera.

La regadera es una herramienta indispensable en cualquier huerto aunque contemos con otro sistema de riego adicional.

Instalar un sistema de riego por goteo automático siempre es una buena idea. Sin embargo, esto no exime de usar otros sistemas de riego de forma puntual.

En resumen, en cualquier huerto siempre va a ser necesario tener una regadera. La regadera se puede utilizar para regar partes concretas del huerto (por ejemplo, aquellas plantas que no están conectadas al sistema de riego, cuando se trasplanta una plántula al sustrato definitivo o, simplemente, cuando sea necesario hacer un aporte extra de agua). Por ello, aunque se tenga un sistema de riego por goteo, la regadera siempre debe formar parte de nuestras herramientas habituales del huerto.

Por otro lado, hay que tener en cuenta que, en el caso de los huertos más pequeños (por ejemplo huertos en el balcón o en la ventana, así como en el caso de los huertos de interior), puede que no sea necesario instalar un sistema de riego complejo. En estos casos, puede ser más cómodo y sencillo valerse solo de la regadera y, si queremos hacer un uso responsable del agua, basta con regar apurando las cantidades para consumir solo lo necesario.

Es decir, aunque en términos generales un sistema de riego por goteo y automático sea lo más recomendable, también es importante valorar las características del huerto en cuestión a la hora de escoger la mejor opción de riego. Así mismo, es fundamental tener en cuenta que la regadera representa una de las herramientas esenciales en todo huerto, independientemente de si se tienen otros sistemas de riego o no.

## Consejos generales sobre el riego

Algunos consejos generales que conviene recordar cuando se riega un huerto urbano y ecológico son los siguientes:

- Cada planta tiene unas necesidades concretas de agua. Por ello, es importante adaptar la cantidad y la frecuencia a cada especie.

- Por lo general, suele ser más fácil matar una planta ahogándola que secándola. Recuerda que el exceso de agua es tan malo como la falta de esta.

- Salvo que se quieran limpiar las hojas o el tallo, el agua debe aportarse siempre cerca del suelo, que es donde están las raíces y por donde la planta la absorbe. De hecho, mojar las partes superiores de muchas plantas es la forma perfecta para que estas enfermen a causa de diversos tipos de hongos. Así que, como norma general, se debe evitar, ya que el agua de lluvia suele ser suficiente para limpiar las hojas de las plantas cuando están en espacios al aire libre.

• El encharcamiento del suelo no suele ser bueno para la mayoría de plantas. Al regar, se debe buscar que el suelo se humedezca, pero no que se encharque. Si después del riego se acumula agua en forma de charcos, es muy probable que se esté regando demasiado o que haya un problema con el drenaje. Esta es una situación que conviene solucionar lo más rápido posible, ya que puede desembocar en un problema de hongos o putrefacción de las raíces.

• El agua del grifo suele tener una cantidad de cloro elevada. Esto puede causar clorosis en las plantas, cuyo síntoma más habitual es el amarilleo de las hojas. Para evitarlo, basta con dejar reposar el agua durante 24 horas antes del riego (el agua debe reposar en un recipiente que esté abierto para que el cloro puede evaporarse).

• En general, el agua de lluvia suele ser buena para ser usada como agua de riego. Sin embargo, en el caso de que esta agua de lluvia sea la de una gran ciudad, es muy probable que estemos ante lluvia ácida. Es decir, agua de lluvia que, además de agua, lleva consigo gran cantidad de contaminantes presentes en el aire y que se precipitan con las gotas de lluvia. Si nuestro huerto está ubicado en una zona donde la calidad del aire no es la mejor, suele ser más aconsejable utilizar el agua del grifo que el agua de lluvia para evitar este problema. Si, por el contrario, el huerto está ubicado en una zona con una contaminación atmosférica baja, podemos instalar un colector de agua y utilizar el agua de lluvia para el riego.

# 12. El acolchado

El acolchado es una capa de material (diferente al propio sustrato) que se coloca sobre la tierra para protegerla y mejorar la resistencia del suelo. Se trata de una solución que, aunque no es obligatorio usar, ofrece muchas ventajas cuando se utiliza adecuadamente.

## Qué es el acolchado

El acolchado, también denominado como "pajote" o "empajado", consiste en extender una capa de material protector sobre el sustrato de las plantas. Este material crea un revestimiento que tiene importantes beneficios para el cultivo.

Entre los más importantes cabe destacar los siguientes:

- Reduce la evaporación del agua, por lo que el suelo se mantiene húmedo durante más tiempo.

- Dificulta la aparición de malas hierbas.

- Protege el suelo de la erosión de la lluvia.

- Protege el suelo de la radiación ultravioleta.

- Protege el suelo frente a temperaturas extremas, tanto en verano como en invierno.

- Evita que la tierra se apelmace.

- Si se utilizan materiales orgánicos, cuando se degradan, se convierten en abono que enriquece el suelo con sus nutrientes.

> - Sirve de refugio a multitud de organismos beneficiosos para el huerto.
>
> - Además, contribuye a mejorar la estética del suelo.

## Tipos de acolchado

Hoy en día se pueden encontrar diferentes tipos de acolchados que son perfectamente compatibles con la agricultura ecológica. Algunos de los más comunes son los siguientes:

> - **Paja**: La paja resultante de las cosechas de cereal constituye un acolchado perfecto. Dura varios meses hasta que se degrada. Favorece una buena retención del agua al mismo tiempo que ofrece una aireación adecuada.
>
> - **Hojas muertas**: Las hojas muertas que se recogen en otoño también se pueden utilizar como acolchado en el huerto. En este caso, se trata de un acolchado que tiene una duración media de entre 6 y 12 meses. Su descomposición implica el consumo de bastante nitrógeno del suelo por parte de los organismos que lo descomponen. Por ello, es recomendable aplicar una pequeña capa de compost previamente a la colocación de las hojas. De esta forma se evita el agotamiento del nitrógeno y se asegura la correcta descomposición de las mismas.
>
> - **Restos de poda de césped**: Este acolchado tiene un efecto similar al de la paja. Los restos de poda de césped tienen la ventaja de que son muy fáciles de conseguir. Una vez que se tienen los restos de poda, se deben dejar secar al sol al menos un par de días (hasta que al tocar las

hojas no se note humedad). Después, se puede colocar directamente sobre el sustrato en una fina capa que no debe superar los 5 centímetros como máximo (una capa más gruesa puede ahogar al suelo al no tener tan buena aireación como la paja). Además, también hay que tener en cuenta que, una capa demasiado gruesa, puede dificultar la entrada del agua de riego.

- **Corteza de pino**: Otro de los materiales que se pueden utilizar como acolchado son las cortezas de pino, que se pueden adquirir sin problema en la mayoría de tiendas de agricultura y jardinería. En este caso, se trata de un acolchado que tiene una duración de varios años, por lo que en el huerto se recomienda utilizarlo solo en plantas que duren de un año para otro o en superficies pequeñas y fáciles de manipular (por ejemplo, macetas y jardineras). Este acolchado tiene la gran ventaja de que no acidifica el suelo cuando se descompone. Sin embargo, también hay que tener en cuenta que suele ser el acolchado más caro. Aunque su larga duración amortiza la compra.

## Cómo instalar el acolchado

Como el acolchado constituye la capa más externa del suelo, es necesario llevar a cabo todo el laboreo de este de manera previa a su colocación. Por ello, antes de su instalación, se debe limpiar el suelo de restos vegetales antiguos y piedras, así como romper los terrones de tierra que puedan ser demasiado compactos.

A continuación, se recomienda abonar el suelo antes de instalar el acolchado. En el caso de utilizar compost como abono, la cantidad

*Los acolchados protegen el cultivo de las malas hierbas y contribuyen a mantener el sustrato húmedo.*

estándar será de un kilo de compost por cada metro cuadrado de terreno aproximadamente.

Después se debe regar la tierra, ya que si colocamos el acolchado en tierra seca y regamos luego, es muy probable que el agua no llegue a penetrar correctamente hasta el sustrato. No obstante, si regamos antes de su colocación, esto favorece la absorción del agua cuando se riega más adelante.

Finalmente, después de haber realizado todos estos pasos, se puede colocar la capa de acolchado que hemos escogido para que nuestro huerto pueda disfrutar de todas sus ventajas.

## Otros aspectos importantes sobre el acolchado

Aunque el acolchado ofrece muchas ventajas, si no se utiliza correctamente, también puede darnos algún que otro disgusto.

En este sentido, es importante tener en cuenta que, de la misma forma que previene la aparición de las malas hierbas, también lo hace con los cultivos que hemos plantado. Por ello, si vamos a instalar una capa de acolchado, es importante hacerlo una vez que las plantas han crecido lo suficiente como para asegurar su supervivencia. Como norma general, podemos considerar que, si el acolchado cubre completamente las plantas (en especial las hojas), significa que las plantas todavía son muy pequeñas como para no verse perjudicadas por el acolchado. En este caso, basta con esperar unos días (o semanas, según el tipo de planta y las condiciones de crecimiento) y, cuando el cultivo en cuestión tiene suficiente tamaño, proceder a instalar el acolchado sin que suponga un riesgo para las plantas que sí queremos que crezcan.

Por otro lado, debido a que el acolchado actúa favoreciendo la retención del agua, la mejor época para su instalación es a mediados de primavera. De esta forma, los cultivos se benefician del efecto de retención del agua durante los meses más cálidos del año (finales de primavera y verano). Mientras que, cuando llegan los meses de otoño e invierno, el acolchado está suficientemente degradado como para evitar que la retención del agua sea excesiva y favorezca la aparición de hongos.

# 13. El drenaje y la porosidad del sustrato

Como hemos visto en capítulos anteriores, el sustrato cumple una función esencial a la hora de retener agua y nutrientes.

Sin embargo, también es importante tener en cuenta que un exceso de agua puede conllevar problemas para las plantas. Incluso la muerte. Por ello, es fundamental asegurar una correcta evacuación del exceso de agua, que es lo que se conoce como drenaje.

## Qué es el drenaje y la porosidad del sustrato

El drenaje es, simplemente, dar salida al exceso de agua presente en un cultivo. Esto se consigue de distintas formas. Principalmente, adecuando la porosidad del suelo y contando con estructuras que permiten la evacuación del agua de forma natural.

## Por qué es importante favorecer un buen drenaje

Por lo general, cuando se riegan las plantas, siempre hay un exceso de agua que no se aprovecha (no va a ser absorbida por las raíces ni va a ser utilizada para mantener la humedad del sustrato). Esta agua sobrante debe ser retirada de la tierra. De lo contrario, produce problemas en los cultivos.

Los principales problemas asociados al estancamiento o exceso de agua en el cultivo son dos:

> • **Ahogamiento de las raíces**: Un mal drenaje impide la aireación del terreno y, en consecuencia, esto conlleva el ahogamiento de las raíces. Es lo que se conoce como asfixia radicular, y se produce cuando el agua

desplaza al aire presente de forma natural en la tierra. Cuanto mayor es el tiempo de asfixia radicular, mayores son también los daños en la planta.

• **Aparición de hongos**: Además del ahogamiento de las raíces, un mal drenaje favorece un ambiente muy húmedo que termina desembocando en la aparición de hongos perjudiciales para el cultivo.

*Un mal drenaje de la tierra favorece el exceso de agua, lo que puede producir pudrición de las raíces y problemas de hongos.*

Para evitar estos problemas es esencial asegurar que el exceso de agua se elimina correctamente después del riego o la lluvia. Para ello es indispensable adaptar las estructuras del cultivo para facilitar la evacuación del agua sobrante. Pero, igual de importante, es asegurar la correcta porosidad del sustrato, que no debe ser ni muy arenosa ni muy compacta.

## La porosidad del sustrato

En el capítulo sobre el sustrato ya hablamos de la granulometría y, al hablar del drenaje, es necesario volver a hacerlo.

El sustrato de las plantas está compuesto por distintos materiales. Estos distintos materiales tienen un tamaño variado. De esta forma, encontramos partículas de arena (las más grandes), de limo (con un tamaño intermedio) y de arcilla (las partículas más finas de todas).

La mayor o menor cantidad de estas partículas es la que va a determinar la porosidad del sustrato. Es decir, el poro de la tierra por el que el agua va a poder fluir o no, y también el aire que debe ocuparlo después del riego.

De este modo, si queremos asegurar un buen drenaje, es necesario que el suelo en cuestión cuente con suficiente material arenoso. Al tratarse de las partículas más grandes, esto hace que los poros presentes en el suelo sean mayores y, en consecuencia, que el agua drena con facilidad. Por el contrario, un suelo donde predominan las partículas arcillosas tiene poca porosidad, lo que favorece el estancamiento del agua.

Hay que tener en cuenta que, si queremos favorecer el drenaje, es necesario contar con un suelo suficientemente arenoso. Pero esto no significa que baste con escoger sustratos formados únicamente por arena. Los suelos arenosos, al no retener el agua, aunque favorecen el correcto drenaje, también se secan mucho antes y tienen el problema añadido de que arrastran los nutrientes.

Entonces, ¿cuál es la opción correcta para garantizar el drenaje pero evitar que el suelo se seque demasiado rápido? Como sucede en la mayoría de aspectos relativos a la agricultura, la solución está en el justo medio.

O, en otras palabras, escoger un sustrato que tenga un correcto equilibrio de granulometría. Un suelo con arena y arcilla en una proporción similar, y en el que además también haya suficientes partículas de limo como para hacer de unión entre el resto de materiales.

## Cómo modificar la porosidad del sustrato

Si tenemos problemas con el drenaje, tanto en el caso de que se acumule exceso de agua como en el caso de que esta se drene demasiado rápido y no empape correctamente el suelo, puede que sea necesario modificar la porosidad del sustrato.

¿Cómo sabemos si tenemos un problema con el drenaje? Básicamente viendo cómo reacciona el sustrato después del riego. Si se acumula agua en la superficie y forma charcos estamos ante un problema de falta de drenaje. Si al regar el agua se absorbe inmediatamente y la superficie se seca enseguida, estamos ante un problema de exceso de drenaje.

En ambos casos, la solución pasa por añadir a la tierra material que corrige este desequilibrio y mezclarlo hasta obtener un sustrato completamente homogéneo.

Existen diferentes materiales que podemos utilizar para corregir la porosidad del sustrato. Sin embargo, en la mayoría de casos, lo más aconsejable es añadir materia orgánica, ya que esta permite que el suelo arcilloso se presente menos compacto y, en el caso de los suelos arenosos, que estos presenten menor porosidad. Además, al mismo tiempo que corregimos la porosidad del suelo, estamos añadiendo material que actúa como abono en los cultivos.

En este sentido, los materiales orgánicos más aconsejables son el compost, el mantillo y los abonos verdes. Cada uno de ellos, al presentar diferentes grados de degradación, ayuda a compactar o a aligerar el suelo respectivamente.

Hay que tener en cuenta que, a la hora de corregir la porosidad del suelo, siempre es mejor añadir los nuevos materiales poco a poco. A continuación, se debe comprobar qué efecto ha tenido en el suelo y, solo si es necesario, añadir más cantidad. De esta manera, evitamos pasarnos con la enmienda y que el problema respecto al drenaje sea el contrario que el que queremos corregir.

## El drenaje de los cultivos de suelo

Además de la granulometría del sustrato, también hay que tener en cuenta otros factores que van a influir en el drenaje. En este sentido, la forma del huerto y la estructura en donde están ubicadas las plantas también juega un papel importante al respecto.

En el caso de los cultivos de suelo, además de tener en cuenta la porosidad del suelo, cuando nos encontramos ante un mal drenaje, puede ser aconsejable realizar zanjas o instalar canalizaciones que favorezcan la evacuación del agua.

Esto no significa que todos los huertos en suelo tengan que contar con estas soluciones. Pero, si observamos encharcamientos de forma habitual, es probable que realizar pequeñas zanjas en la tierra ayude a solucionar el problema. En el caso de que el problema persista, la mejor alternativa es la instalación de una canalización subterránea y con agujeros que permita absorber el exceso de agua sobrante.

## El drenaje de los cultivos en soporte

Por otro lado, en el caso de que el cultivo no se ubique en el suelo sino en algún tipo de soporte (macetas, jardineras, mesas de cultivo, etc.), hay que prestar especial atención a los agujeros de drenaje.

Los agujeros de drenaje son aberturas que se sitúan siempre en las bases de los soportes como las macetas y que son los que permiten la evacuación del exceso de agua con normalidad.

Hay que tener en cuenta que, a diferencia de los cultivos en suelo, las macetas no van a presentar capacidad de evacuación si no es a través de agujeros en la base. Por ello, es indispensable asegurarse de que estos agujeros funcionan correctamente y de que el exceso de agua sale sin dificultades.

Otro aspecto importante relacionado con los agujeros de las macetas y otros soportes de cultivo es la posibilidad o no de colocar un plato o macetero debajo de estos. Los platos y maceteros de las macetas sirven tanto para recoger el agua sobrante (por ejemplo, para que no gotee a los vecinos de abajo en el caso de una terraza o balcón) como para almacenar agua que la maceta absorbe a través de los agujeros de la base cuando el sustrato se seca.

En general, se recomienda que esta agua que se almacena en el plato o macetero se retire (su efecto es similar al de un mal drenaje). De hecho, si no supone un problema, se puede prescindir de la utilización de estos complementos de la maceta cuando no aporta ninguna ventaja concreta. Sin embargo, en el caso de que vayamos a estar sin poder regar durante algún tiempo y la temperatura vaya a ser elevada, entonces sí que puede interesarnos utilizarlos para asegurar que el sustrato no se seca por completo.

De nuevo, encontrar el equilibrio justo, y ser flexibles ante las necesidades del huerto, es el mejor consejo que podemos seguir en este sentido.

# 14. Las malas hierbas

Cuando se trata de agricultura ecológica, quizás sería más adecuado hablar de plantas indeseadas que de malas hierbas en general, ya que todas las plantas contribuyen en la creación y mantenimiento del ecosistema que representa el huerto ecológico en su conjunto.

Sin embargo, si queremos obtener los mejores resultados con el cultivo, es importante que no perdamos de vista a estas plantas no deseadas o malas hierbas, ya que pueden terminar compitiendo por los nutrientes del suelo y perjudicar el correcto crecimiento del cultivo.

## Qué son las malas hierbas

Se denominan malas hierbas a las plantas silvestres que crecen de forma natural en el espacio de cultivo. Estas plantas silvestres pueden llegar a representar algunos problemas en el huerto. El principal de estos problemas es que compiten con el resto de plantas por los recursos del huerto.

Las malas hierbas absorben el agua y los nutrientes del suelo y, además, ocupan espacio subterráneo y aéreo en el huerto, limitando el acceso a la luz de las demás plantas. Además, algunas de estas malas hierbas también pueden ser refugio de algunos parásitos y hongos.

Por todo ello, lo más aconsejable es retirarlas para limitar sus efectos. Este proceso de retirar las malas hierbas del huerto se denomina desherbado.

## El desherbado

El desherbado es el proceso a través del cual el agricultor elimina las plantas indeseadas del huerto. Hay que tener en cuenta que el desherbado en el huerto ecológico no suele realizarse de una forma absoluta.

La presencia de pequeñas hierbas en el suelo nos indica que, dicho suelo, es rico en nutrientes y fértil para el cultivo. Esto, a su vez, suele significar que se trata de un ecosistema que actúa de forma conjunta. Es decir, que las pequeñas hierbas silvestres (a pesar de que en ocasiones pueden favorecer la presencia de parásitos u hongos) también favorecen la presencia de organismos beneficiosos para el huerto.

Por ello, en agricultura ecológica, lo más habitual es que el desherbado se lleve a cabo únicamente cuando las malas hierbas constituyen un problema claro respecto a las plantas del cultivo. Por ejemplo, si las malas hierbas crecen demasiado y terminan compitiendo con las plantas del cultivo, o si las malas hierbas en cuestión pueden afectar negativamente a la calidad del cultivo en cualquiera de sus formas.

De esta forma, a la hora de enfocar el desherbado en un huerto ecológico, lo más recomendable es retirar las malas hierbas poco a poco, buscando un equilibrio adecuado entre la vida orgánica natural presente en el huerto y el objetivo de obtener una cosecha rica y abundante.

## Métodos de desherbado ecológico

En la agricultura no ecológica es habitual el uso de herbicidas químicos que eliminan estas malas hierbas. No obstante, como en la agricultura ecológica está completamente prohibido el uso de este tipo de productos, es necesario buscar otro tipo de herbicidas que sí que son respetuosos con el medio ambiente y con nuestra propia salud.

• **Desherbado manual**: Se trata del sistema de desherbado ecológico más habitual. Se lleva a cabo retirando las malas hierbas de forma manual directamente cuando el agricultor las localiza. Para facilitar este proceso, es importante que el desherbado manual se realice con la protección de guantes y con la ayuda de una pala, azada o herramienta apta para esta tarea. Así mismo, si se opta por este método, también hay que tener en cuenta que suele ser preferible evitar las herramientas eléctricas o automáticas. Estas herramientas, al trocear las malas hierbas, pueden terminar dispersando las semillas y algunas partes vivas de la planta (estas partes vivas, al caer en el suelo, pueden actuar como esquejes de la propia planta y hacer que vuelvan a crecer).

• **Regar con agua caliente**: El agua caliente es un herbicida natural perfecto. Permite terminar con cualquier resto de mala hierba, incluso cuando las raíces son bastante profundas. No obstante, se trata de un sistema que no hace distinción entre plantas buenas y malas, por lo que solo se debe utilizar cuando el terreno está sin sembrar. La forma de aplicarlo es muy sencilla. Basta con colocar en un recipiente agua y llevarla a punto de ebullición. Justo cuando vaya a hervir se retira y se vierte con cuidado (todavía caliente) sobre el terreno que se quiere desherbar. La acción del calor elimina cualquier resto de mala hierba y de sus semillas, por lo que se puede plantar de nuevo a sabiendas de que el terreno está completamente limpio de restos vegetales antiguos.

- **Cultivos autolimpiantes**: Otra opción para eliminar cualquier rastro de malas hierbas es plantar los denominados cultivos autolimpiantes. Este tipo de plantas tienen la característica de ser muy invasivas en el terreno en el que se plantan. Por ello, cuando se desarrollan, son capaces de arrinconar las malas hierbas y terminar por eliminarlas. Se puede decir que son cultivos que actúan como "malas hierbas" frente a las malas hierbas propiamente dicho. Algunos ejemplos de cultivos autolimpiantes son las calabazas, los calabacines, los melones y las sandías. Estos cultivos terminan por cubrir todo el suelo en el que se ubican, asegurando la eliminación de cualquier otro vegetal. Una buena forma de aprovechar su acción de desherbado de malas hierbas es cultivarlos de forma rotativa con otros cultivos.

- **La falsa siembra**: Finalmente, otro de los métodos de desherbado ecológico más sencillos de llevar a cabo es la falsa siembra. En este caso, lo que se hace es trabajar el terreno como si se fuera a cultivar (se limpia la tierra, se ara, se riega, etc.). Sin embargo, en lugar de plantar inmediatamente después de preparar el terreno, se espera unos quince días. En este período de tiempo germinan las semillas de las malas hierbas que todavía están presentes en la tierra. Entonces, aprovechando que las malas hierbas ya han germinado, se eliminan con facilidad y se vuelve a preparar el suelo. Y, ahora sí, se procede a sembrar el cultivo.

# 15. Cultivar en invernadero

El cultivo en invernadero es una técnica que permite obtener mejores cosechas. Básicamente, los invernaderos son espacios cerrados y aislados del exterior que ofrecen las condiciones idóneas para un desarrollo y crecimiento de los cultivos sin algunos de los peligros más típicos de los cultivos al aire libre (plagas, heladas, fuertes precipitaciones, etc.).

Según sea el caso y el tipo de huerto urbano que tengamos, puede ser interesante disponer de uno de estos espacios de cara a mejorar los resultados de los cultivos.

## Qué es un invernadero

Un invernadero es un espacio cerrado en cuyo interior se cultivan plantas. Para que esto sea posible, los invernaderos cuentan con una estructura básica que se cubre con un material traslúcido, lo que permite que la luz natural entre en el interior. De esta forma, gracias a la luz solar, las plantas pueden crecer y desarrollarse con normalidad. Esto permite crear un microclima con condiciones artificiales que protegen los cultivos de heladas, vientos, fuertes lluvias y algunas plagas, lo que a su vez se traduce en cosechas más abundantes y condiciones de trabajo más sencillas.

Por lo general, los invernaderos suelen asociarse a la agricultura intensiva (un tipo de agricultura que no suele ser ecológica). Sin embargo, el uso de invernaderos no tiene que ser, por sí mismo, contrario al cultivo ecológico. Todo depende del tipo de cultivo que se plante y, sobre todo, de la forma en que se trabaje dicho cultivo.

*Al cultivar en un invernadero, las plantas están protegidas de los agentes climáticos y de las temperaturas extremas.*

De este modo, si se instala un pequeño invernadero en un espacio urbano y las hortalizas que se cultivan en él siguen técnicas y principios ecológicos (libres de productos químicos), se puede ser más eficiente en la producción al mismo tiempo que se hace de un modo sostenible y respetuoso con el planeta.

## Ventajas del cultivo en invernadero

Algunas de las ventajas que tiene cultivar en invernadero son las siguientes:

- **Aumenta la producción:** Como las condiciones que ofrece el invernadero favorecen el crecimiento de las plantas y las protege, esto se traduce en una cosecha más abundante.

- **Uso más eficiente de los recursos:** Al contar con un espacio protegido y controlado, el uso de los recursos disponibles es más eficiente. Es decir, se obtienen mejores resultados a pesar de contar con los mismos recursos iniciales.

- **Mejora el control de algunas plagas y enfermedades:** Una de las principales ventajas que ofrece el cultivo en invernadero es que constituye una protección muy efectiva frente a algunas plagas y enfermedades. En este sentido, cultivar dentro de un invernadero protege contra muchos insectos y plagas, así como frente a algunas aves que pueden dañar algunos cultivos.

- **Mayor protección frente a los agentes climáticos:** Otra de las ventajas que ofrece cultivar en invernadero es la protección que presenta frente a determinados agentes climáticos que pueden arruinar la cosecha. En este sentido, el cultivo en invernadero es especialmente útil a la hora de proteger la cosecha frente a las heladas, el viento, la lluvia, el granizo, etc.

- **Obtención de productos fuera de temporada:** Al crear un microclima controlado, disponer de un invernadero posibilita poder cultivar la mayoría de plantas durante todo el año. La temperatura en el interior del invernadero permite cultivar plantas de primavera y verano en cualquier fecha, por lo que constituye una herramienta muy útil que permite plantar casi cualquier cultivo independientemente de la estación del año en la que nos encontremos.

- **Permite cultivar en cualquier región o zona geográfica:** Del mismo modo que contar con un invernadero permite cultivar plantas fuera de temporada, los invernaderos también permiten cultivar en cualquier región o zona geográfica independientemente de las condiciones climáticas del exterior. Esto es especialmente útil en lugares con temperaturas muy frías y donde, de otro modo, sería necesario importar las hortalizas frescas desde lugares más cálidos (lo que implicaría una importante huella de carbono como consecuencia del transporte).

## Desventajas del cultivo en invernadero

Por otro lado, también hay que tener en cuenta que el cultivo en invernadero no solo tiene ventajas, sino que también presenta una serie de inconvenientes que es importante conocer. Algunos de los más destacables son los siguientes:

- **Requiere de una inversión inicial elevada:** La instalación de un invernadero suele ser cara. Es cierto que, dependiendo del tamaño y del material con el que esté fabricado, el precio puede variar de forma considerable. Sin embargo, hay que tener en cuenta que la instalación de un invernadero constituye una inversión adicional a la creación de un huerto urbano y ecológico, por lo que es un factor importante que se debe valorar antes de su construcción.

- **Cuidado de la instalación:** La mayoría de los invernaderos no requieren de muchos cuidados. No obstante, esto no significa que no requieran atención de ningún tipo. Contar con un invernadero implica asegurarse del buen estado de su estructura, así como de llevar a cabo las labores de limpieza y mantenimiento que son necesarias en cada caso.

- **Requiere un sistema de riego artificial:** Los invernaderos constituyen una capa de protección para los cultivos. Sin embargo, esta capa de protección también evita que el agua de lluvia pueda regar el cultivo, por lo que es necesario contar con un sistema de riego artificial que asegure el suministro de agua de las plantas. Por otro lado, existe la opción de instalar un invernadero que cuente con la posibilidad de abrir y cerrar el techo para así poder aprovechar la lluvia. O, si se prefiere, también se puede instalar un sistema de recolección de agua de lluvia, lo que permite aprovecharla de forma complementaria al riego habitual.

- **Las hortalizas pueden presentar características diferentes:** Otra de las desventajas que presenta el cultivo en invernadero es que su uso no es inocuo a las características de los productos que se obtienen. En este sentido, al cultivar en invernadero y sin que las plantas reciban la luz solar de forma directa, se pueden alterar algunas de las características de las hortalizas que se cosechan. Por ejemplo, esto suele suceder tanto con el sabor como con el color.

- **Puede favorecer la aparición de algunas plagas o enfermedades:** Aunque, en general, el cultivo en invernadero tiende a proteger las plantas de la mayoría de plagas y enfermedades, puede darse el caso de que no siempre sea así. Esto sucede, por ejemplo, con los hongos, que encuentran en estos microclimas con temperaturas estables y abundante humedad un lugar idóneo para su proliferación si no se controlan de forma adecuada.

## Cuándo interesa instalar un invernadero

Como se puede ver, instalar un invernadero en nuestro huerto urbano tiene ventajas y desventajas. Debido a esto, hay que valorar cada caso en particular antes de tomar la decisión de si compensa o no contar con uno.

Por lo general, lo más importante que hay que tener en cuenta a la hora de instalar un invernadero es el uso que se va a hacer de él. Es decir, preguntarse por las condiciones climáticas de la región en la que nos encontramos y si realmente es necesario instalarlo o no.

En este sentido, si estamos en una zona geográfica con un clima templado y que permite adaptar los cultivos a las diferentes estaciones del año (optar por cultivos de temporada), puede que no sea necesario contar con un invernadero. Por el contrario, si el lugar en el que vivimos imposibilita el cultivo en el exterior durante los meses más fríos del año, es muy probable que sea una buena idea instalar un invernadero si queremos contar con una producción de hortalizas de proximidad de forma continua durante todo el año.

# 16. Plagas y enfermedades del huerto ecológico

Uno de los principales peligros a los que se enfrenta cualquier cultivo, y más cuando se trata de un cultivo ecológico, son las plagas y las enfermedades. En este capítulo vamos a ver qué se entiende tanto por plagas como por enfermedades, así como las nociones básicas a la hora de enfrentarnos a ellas cuando nos encontramos en un entorno de agricultura ecológica. Además, también nos adentraremos de manera individual en cada una de las plagas y enfermedades más comunes, así como en algunos de los principales tratamientos fitosanitarios ecológicos disponibles para solucionarlas.

## Qué son las plagas y enfermedades del huerto

En agricultura, se entiende por plaga la aparición masiva (y generalmente repentina) de organismos que causan daños a los cultivos. Estos organismos actúan como parásitos de las plantas. Es decir, se benefician de ellas y les causan un daño sin que las plantas reciban ningún beneficio a cambio. Estas plagas terminan dañando a las plantas hasta el punto de que enferman y no se desarrollan correctamente y, si no se tratan a tiempo, terminan muriendo.

Por lo general, se suele hablar de plagas cuando el organismo que ataca el cultivo es visible, mientras que se tiende a hablar de enfermedad cuando solamente se observan los síntomas en las plantas. En este sentido, se suele hablar de plagas de insectos o ácaros, mientras que, cuando el problema se debe a hongos, virus o bacterias, lo más habitual es hablar directamente de enfermedad.

No obstante, la diferencia entre una y otra no tiene demasiado interés para el agricultor, ya que, en ambos casos, lo importante es identificar correctamente el problema y aplicar el tratamiento más adecuado en cada caso para solucionarlo.

## La biodiversidad en el huerto ecológico: no todos los bichos son malos

Llegados a este punto, al tratarse este de un libro sobre agricultura ecológica, es necesario hacer un matiz sobre las plagas. Al tratarse de un huerto ecológico, como ya hemos mencionado en capítulos anteriores, el huerto en cuestión constituye un ecosistema en su conjunto. Es decir, la presencia de otros organismos (además de las plantas del propio cultivo) es la tónica general de este tipo de huertos.

Entonces, ¿cómo distinguimos una plaga de la presencia de los organismos que no lo son?

En primer lugar, hay que tener en cuenta que no todos los organismos son dañinos para las plantas. De hecho, hay algunos que son muy beneficiosos (por ejemplo, insectos como las mariquitas, que son depredadores naturales de los pulgones, que sí que son una plaga). Por ello, la especie a la que pertenezca el organismo en cuestión es el principal factor a tener en cuenta a la hora de determinar si estamos ante una posible plaga, o solo ante un habitante más del ecosistema que representa el huerto ecológico.

Y, en segundo lugar, el grado de desarrollo de la población. Aunque haya organismos que pueden ser dañinos para los cultivos, si las poblaciones no se desarrollan en el grado y cantidad necesarios para constituir un peligro para las plantas, no es adecuado considerarlos como una plaga. En este sentido, no es lo mismo localizar uno o dos ejemplares de pulgón que localizar una gran colonia que se extiende por amplias zonas de la planta. En ambos casos, debemos adoptar los tratamientos fitosanitarios ecológicos adecuados para combatir al pulgón, pero el tratamiento debe adecuarse (ser proporcional) al grado de desarrollo del organismo que queremos combatir.

Por todo esto, el agricultor ecológico debe tener un conocimiento mínimo de los insectos y de los demás seres vivos que pueden aparecer en su huerto, ya que el tratamiento de las plagas y enfermedades de las plantas del huerto ecológico nunca es tan agresivo como sucede en la agricultura no ecológica.

En el caso de la agricultura ecológica los tratamientos se deben adaptar siempre a cada situación y a cada especie, seleccionando productos específicos que actúan de manera quirúrgica para eliminar la plaga indeseada pero, al mismo tiempo, resultar inofensivos para el resto del ecosistema.

## Cómo identificar una plaga o enfermedad

Para identificar correctamente una plaga o una enfermedad en el cultivo es necesario observar.

En el caso de las enfermedades, al observar las plantas, podemos detectar síntomas que nos ponen en alerta ante un posible problema u otro (igual que el médico hace su diagnóstico basándose en los síntomas que presenta el paciente).

En el caso de las plagas, además de los síntomas que presenta la planta, en muchos casos vamos a poder ver directamente los organismos que causan el problema (ya que suelen ser insectos u otros animales fáciles de ver a simple vista). Por lo que su detección suele ser más sencilla.

En resumen, para identificar correctamente una plaga o enfermedad en el huerto ecológico debemos prestar atención a los síntomas de enfermedad que presenta cada planta y, además, también debemos realizar un chequeo directo por si podemos detectar a simple vista algún organismo indeseado.

## Plagas y enfermedades más habituales del huerto ecológico

Las plagas y enfermedades que vamos a encontrar en el huerto ecológico son muy variadas. A grandes rasgos, podemos distinguir tres categorías:

- Causadas por animales

- Causadas por hongos

- Causadas por virus y bacterias

A continuación vamos a ver las principales plagas y enfermedades que pueden atacar nuestro huerto urbano y ecológico. Conocerlas es el primer paso para saber combatirlas correctamente. Además, más adelante, también profundizaremos en cada uno de los tratamientos fitosanitarios ecológicos que podemos utilizar para combatirlas y en la forma más recomendable de aplicarlos.

## Pulgones

Son pequeños insectos de cuerpo redondeado y que suelen aparecer por colonias. Presentan varios colores según la especie: verdes, amarillos, blancos, negros, pardos, etc. Lo más habitual es encontrarlos en tallos

*Los pulgones generan colonias que pueden llegar a cubrir hojas y ramas completas.*

jóvenes y hojas, especialmente en el envés, donde la pican para succionar la savia. Suelen encontrarse asociados a las hormigas, ya que los pulgones segregan una sustancia azucarada (melaza), que sirve de alimento a las hormigas. Se los puede combatir con diferentes tratamientos fitosanitarios, aunque el más recomendable es una solución a partir de jabón potásico.

Para ello se prepara la solución mezclando agua y jabón de potasa (10 ml de jabón por cada litro de agua) y se aplica con un pulverizador por toda la planta, haciendo especial hincapié en la zona afectada.

## Escarabajo de la patata

Se lo reconoce por su aspecto, especialmente llamativo gracias a sus rayas negras y amarillas y su cabeza anaranjada. A pesar de su aspecto

*A pesar de su aspecto tan colorido, el escarabajo de la patata puede arruinar muchos cultivos si no se controla correctamente.*

atractivo se trata de un escarabajo que devora los tallos y las hojas de las plantas tanto en su fase de larva como de adulto. Aunque ataca especialmente a la patata, su aperitivo voraz lo lleva a ser un problema en muchos otros cultivos, como por ejemplo sucede con el tomate o la berenjena.

En el caso de los adultos, el tratamiento más eficaz pasa por la eliminación manual. Sin embargo, se puede combatir con facilidad atacando a las larvas. Para ello aplicaremos un tratamiento fitosanitario a partir de aceite de neem o mediante *Bacillus thuringiensis*.

Cualquiera de las dos soluciones debería ser suficiente para controlar al escarabajo de la patata. Pero, si aún así la plaga persiste, la mejor opción es alternar ambos tratamientos con una semana de diferencia entre cada uno de ellos. Este proceso se repetirá hasta que la plaga desaparezca.

Por otro lado, también es importante favorecer la presencia de sus depredadores naturales en el huerto: mariquitas, tijeretas, pájaros insectívoros, etc.

## Gorgojo

Existen muchas especies de gorgojos y, según el caso, afectarán a un tipo de planta u otra. A los adultos se los reconoce fácilmente por su cabeza terminada en pico. Suelen atacar a las leguminosas, pero también a los cereales y a algunos tipos de frutales.

Los adultos se alimentan de los tallos y brotes jóvenes, al mismo tiempo que depositan sus huevos en los granos. De hecho, si estos granos se recolectan y después se conservan para el consumo humano, los huevos del gorgojo pueden eclosionar, arruinando la cosecha y obligando a desecharla.

Se recomienda eliminar a los adultos de forma manual. En el caso de las larvas, y para prevenir que lleguen a convertirse en adultos, el

*Los gorgojos se reconocen fácilmente por su cabeza terminada en forma de pico.*

tratamiento ecológico más efectivo es aplicar una solución a partir de aceite de neem.

## <u>Chinches</u>

Se pueden encontrar de distintos tipos y colores, aunque la más común de todas es la chinche verde del tomate.

Ponen sus huevos en el envés de las hojas, en forma de dos filas una junto a la otra. Al nacer, las larvas empiezan a alimentarse de las hojas.

En el caso de los adultos, se recomienda retirarlos directamente de forma manual usando un guante o un papel, ya que, al sentirse amenazados, segregan una sustancia maloliente que los protege de los depredadores.

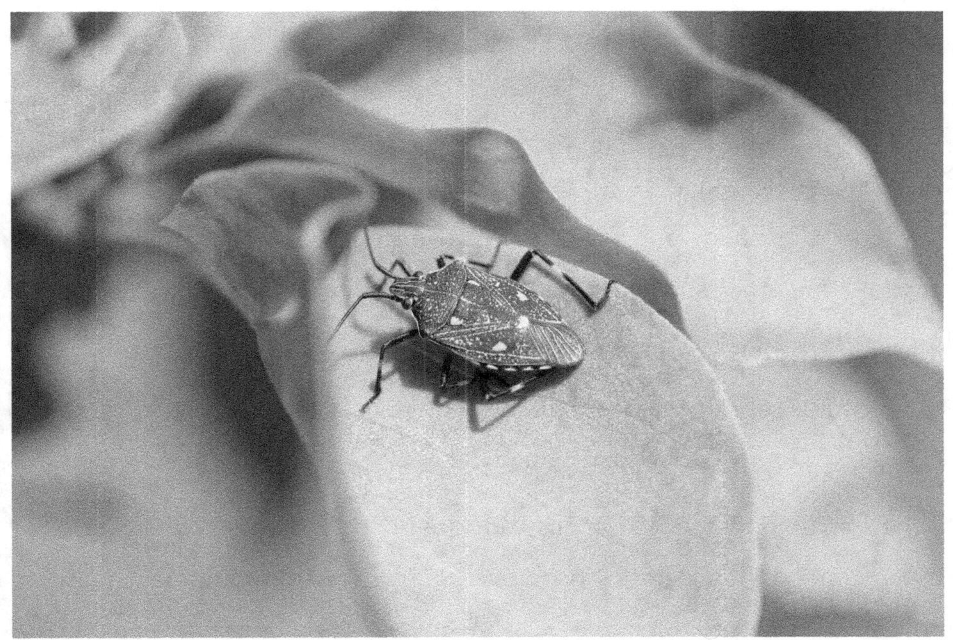

*Existen muchas variedades de chinches. Algunas de ellas desprenden una sustancia maloliente para protegerse cuando se sienten amenazadas.*

Para combatir su proliferación lo mejor es atacar directamente a las larvas. Para ello se puede optar por un tratamiento fitosanitario a partir de jabón potásico, aceite de neem o purín de ortiga. La aplicación se hace mediante un pulverizador, asegurándose de llegar a todas las superficies de la planta.

## Trips

Los trips son pequeños insectos de aspecto alargado y, generalmente, de color marrón o negro. Su presencia suele reconocerse más por los efectos en las plantas que por su apreciación directa, aunque, si la plaga es importante, pueden verse si problemas.

Al alimentarse tanto de las hojas como de los frutos causan defoliación y daños en los tejidos de la planta, llegando a hacer que muchos cultivos terminen siendo inservibles. Si apreciamos hojas que parecen mordisqueadas y que se retuercen sobre sí mismas, es muy posible que hayan sido atacadas por trips. Además, otro problema asociado a los trips es que pueden transmitir virus a las plantas afectadas, suponiendo un problema añadido al daño ya causado.

El tratamiento ecológico más recomendable para su prevención y curación es una solución combinada de jabón potásico y aceite de neem.

Este tratamiento se aplica en dos partes. Primero aplicamos el tratamiento a partir de jabón potásico y, pasada al menos una hora, aplicamos el tratamiento a partir de aceite de neem. Ambas aplicaciones se realizan con un pulverizador y diluyendo el producto en agua.

**<u>Moscas</u>**

Existen muchas especies de moscas que van a atacar los cultivos. Como por ejemplo la mosca blanca, fácil de reconocer por las colonias que forman (suelen ubicarse en el envés de las hojas, y están formadas por muchas moscas de pequeño tamaño y de color blanquecino).

No obstante, además de la mosca blanca, otras especies de moscas también atacan las plantas del huerto, y la forma en que lo van a hacer siempre es similar. Las moscas depositan sus huevos en las hojas y, cuando nacen las larvas, estas empiezan a devorarlas.

Aunque la mayoría de las larvas no se vean a simple vista, sí que se pueden identificar por los daños causados, que son galerías o caminos en

*Las larvas de muchas moscas y otros insectos realizan galerías o minas en las hojas de las plantas cuando se alimentan.*

la superficie de la hoja. Estas galerías son el resultado de que las larvas se hayan alimentado del tejido de la hoja, que termina muriendo o retorciéndose sobre sí misma y tomando un aspecto poco saludable.

El tratamiento más recomendable para prevenir y combatir los efectos de estos insectos minadores de hojas es el aceite de neem.

## <u>Cochinillas</u>

Las cochinillas son fáciles de reconocer por su aspecto aplanado, ovalado y por su caparazón segmentado. Chupan la savia de las plantas y les roban el agua y los nutrientes. Se pueden encontrar de muchos tipos, desde las de aspecto negro o pardo a la cochinilla algodonosa, característica por su color blanco y por su superficie aterciopelada.

*La cochinilla algodonosa es fácil de identificar por su superficie blanquecina y con aspecto aterciopelada.*

En este caso, el tratamiento más recomendable para su prevención y eliminación es un tratamiento combinado de jabón potásico y aceite de neem. Lo más aconsejable será aplicar primero una solución a partir de jabón potásico y, pasada aproximadamente una hora, aplicar la solución a partir de aceite de neem. Además, en el caso de los adultos, se recomienda retirarlos de forma manual siempre que se observen a simple vista.

## Ácaros

Los ácaros que pueden atacar los cultivos son diversos, aunque los más comunes van a ser la araña roja y la araña amarilla, cuya principal diferencia radica esencialmente en el color, ya que presentan las mismas características respecto a cómo atacan a las plantas.

*La araña roja es difícil de ver a simple vista, pero se la reconoce fácilmente por la telaraña que forma en la planta afectada.*

Los ácaros como este tipo de arañas son difíciles de ver a simple vista, ya que su tamaño es excepcionalmente pequeño. Solo cuando la plaga es muy numerosa se pueden apreciar sin dificultades.

Sin embargo, se pueden identificar fácilmente por las telarañas que producen, que terminan convirtiéndose en un velo que suele cubrir hojas, tallos y cualquier zona afectada de la planta. Estos animales succionan la savia de la planta, robándole el agua y los nutrientes, perjudicando su correcto crecimiento y, en muchos casos, causando finalmente su muerte.

Se puede combatir de varias formas. El tratamiento ecológico más recomendado será utilizar una solución de jabón potásico que se aplicará mediante un pulverizador en toda la planta, haciendo especial hincapié en las zonas más afectadas (donde se aprecian las telarañas). Así mismo, se puede complementar este tratamiento con una solución a partir de aceite de neem, que se aplica una hora después de aplicar la solución a partir de jabón potásico.

Otro tratamiento muy eficaz es aplicar una solución a partir de azufre. Para ello, se podrá optar tanto por azufre líquido como por azufre micronizado (que se diluye en agua). Siempre, siguiendo las indicaciones del fabricante o distribuidor, ya que, aunque el azufre es un producto natural y apto para la agricultura ecológica, debe utilizarse con cuidado debido a sus características irritantes.

Por otro lado, para prevenir la proliferación de este tipo de ácaros, se recomienda eliminar las malas hierbas cercanas a las plantas afectadas, ya que pueden favorecer su aparición y rápida reproducción. Así mismo, también se aconseja favorecer la presencia de sus depredadores naturales. Como por ejemplo las mariquitas y las tijeretas.

**<u>Caracoles y babosas</u>**

Los caracoles y babosas atacan a un gran número de plantas del huerto. Tanto caracoles como babosas devoran las hojas, por lo que sus efectos son fáciles de reconocer al dejarlas llenas de agujeros y mordeduras en los extremos. Además, también conviene prestar atención a la presencia de los caminos brillantes que deja la baba de estos animales cuando se desplazan, ya que es una señal inequívoca de su presencia en el huerto.

Existen diversas maneras de combatir caracoles y babosas. En primer lugar, se recomienda la retirada manual. Además, también se pueden

*Los caracoles y babosas son grandes devoradores de hojas, por lo que es necesario mantenerlos alejados del huerto.*

instalar diversas trampas que impidan su acceso a las hojas de las plantas, como por ejemplo aquellas que se ubican en el tallo de algunos cultivos y que impiden que los caracoles y babosas puedan ascender hasta los brotes más tiernos.

Además de la limpieza manual y el uso de trampas adaptadas a caracoles y babosas, el otro tratamiento más recomendable para su prevención y eliminación será aplicar una solución a partir de fosfato de hierro.

## Hormigas

La presencia de hormigas no suele ser un problema en sí mismo, sino un indicador de que existe otra plaga que las atrae.

Por lo general, ver abundantes hormigas en el huerto es un síntoma de que hay una plaga de pulgones o cochinillas. Tanto los primeros como las segundas segregan melaza, una sustancia dulce que atrae a las hormigas y de la que se alimentan. Por ello, si localizamos gran cantidad de hormigas en el huerto debemos centrar nuestros esfuerzos en localizar la plaga que las atrae. Una vez localizada, la eliminamos con el tratamiento ecológico más adecuado a cada especie. Esto debería bastar para evitar la presencia de hormigas.

## Nematodos

Los nematodos son gusanos microscópicos que habitan en la tierra. Algunos de ellos son beneficiosos para el huerto, pero otros atacan las raíces de algunos cultivos. Como no se pueden ver a simple vista, solo se los puede identificar por sus efectos.

Estos efectos se van a notar de dos formas. Por un lado, vamos a tener plantas que, sin motivo aparente, se muestran feas y poco saludables. Por otro, los nematodos, al atacar las raíces, van a hacer que desarrollen nódulos. Por ello, si nos encontramos con plantas de apariencia enferma sin razón aparente y que, al arrancarlas y examinar las raíces, presentan abundantes nódulos, es muy probable que estemos ante una plaga de nematodos.

Hay que tener en cuenta que algunas plantas (como por ejemplo las leguminosas) van a contar con nódulos en las raíces de forma natural. Es decir, la presencia de nódulos no siempre implica que estamos ante una plaga de nematodos. Por ello, es imprescindible tener en cuenta la especie y variedad de planta en cuestión, así como el aspecto exterior de la misma (una planta con nódulos en las raíces, pero de aspecto sano, no suele implicar una plaga de nematodos).

Este tipo de plaga es especialmente complicada de combatir. Sin embargo, existen algunas fórmulas que nos van a ayudar a hacerlo.

En primer lugar, es importante evitar la propagación de los nematodos. Para ello, si se sospecha de su posible presencia en el huerto, se debe evitar el intercambio de tierra y de agua entre distintas partes del huerto, ya que podría favorecer su expansión. Así mismo, se debe extremar la limpieza a la hora de utilizar y conservar las distintas herramientas o materiales del huerto. Todo ello, con la finalidad de evitar la propagación a zonas que no están afectadas. Otra medida que se debe llevar a cabo es plantar salvia como cultivo asociado, ya que se trata de una planta aromática que repele a los nematodos.

Además, también se recomienda practicar la rotación de cultivos. Las distintas variedades de nematodos que se pueden encontrar en un huerto tienen preferencias por unas plantas u otras. Si tenemos una plaga de nematodos que afecta a un tipo de planta y cultivamos otra planta completamente diferente, es muy probable que los nematodos no la dañen y terminen por desaparecer del huerto.

Finalmente, si todo lo anterior no ha funcionado, se puede optar por un tratamiento de solarización del terreno, lo que permite su eliminación por completo (pero hay que tener en cuenta que debe hacerse cuando no hay plantado nada). Así mismo, en el caso de que el cultivo afectado no esté en el suelo sino en un soporte como una maceta, también se puede cambiar por completo el sustrato y proceder a desinfectar la maceta. De esta forma, al eliminar el sustrato contaminado y sustituirlo por otro nuevo, se asegura también la eliminación de la plaga.

## Polillas y orugas

Las larvas de polillas y orugas excavan galerías en las hojas y frutos de las plantas, por lo que son otra de las plagas que debe vigilarse en el huerto. Se las puede reconocer porque se ven directamente en la planta o

*Muchas orugas son urticantes. Por eso nunca deben retirarse con las manos.*

por sus efectos: hojas mordisqueadas o con galerías.

Se puede optar por dos tratamientos ecológicos bastante eficaces. En primer lugar, se puede aplicar una solución a partir de aceite de neem, que se pulveriza por toda la planta, haciendo especial hincapié en el envés de las hojas. Este tratamiento está recomendado especialmente para prevenir su aparición y cuando la plaga es pequeña y fácil de controlar.

No obstante, si el tratamiento a partir de aceite de neem no ha sido suficiente, se puede optar por un tratamiento a partir de *Bacillus thuringiensis*, lo que asegura su eliminación por completo.

## Pájaros

Por lo general, los pájaros van a contribuir a controlar las plagas de insectos en el huerto ecológico. Sin embargo, también pueden suponer un peligro para algunos cultivos (especialmente en el caso de las plantas recién nacidas). En este caso, el objetivo no será eliminar los pájaros, sino, simplemente, evitar que dañen los brotes de las plantas recién nacidas hasta que estas sean lo suficientemente grandes como para no atraerlos.

Para ello, lo que tendremos que hacer es colocar barreras físicas que protegen las plantas recién nacidas. Estas barreras físicas suelen ser redes de plástico o alambre que se pueden poner y quitar según las necesidades del huerto. Una vez que se retiran se guardan y se conservan hasta que vuelva a ser necesario utilizarlas.

## Antracnosis

La antracnosis es una enfermedad de las plantas causada por hongos. Sus síntomas son manchas negras que se terminan convirtiendo en hendiduras oscuras y de aspecto polvoriento. El tratamiento más efectivo es aplicar una solución de oxicloruro de cobre en toda la planta y retirar las partes afectadas. El tratamiento se debe repetir cada semana hasta que la enfermedad remite.

<u>**Roya**</u>

La roya es un tipo de hongo que va a afectar principalmente a las hojas de las plantas del huerto. Se la reconoce fácilmente por sus síntomas: pústulas de color amarillo o anaranjado en las hojas.

A medida que la enfermedad avanza, estas pústulas anaranjadas se vuelven oscuras y de mayor tamaño. Se puede tratar con una solución a

*Las hojas afectadas por la roya presentan manchas naranjas o negras dependiendo del grado de desarrollo de la enfermedad.*

partir de cola de caballo o con una solución de oxicloruro de cobre.

En ambos casos, la solución se debe aplicar por toda la planta y se deben retirar las partes afectadas. Hay que repetir el tratamiento cada semana hasta que la enfermedad remite.

## Negrilla

Otro de los hongos que puede afectar a los cultivos del huerto es la negrilla. En este caso, el principal síntoma es que la planta se cubre de una capa de polvo de color negruzco.

Este hongo prolifera en la melaza que segregan animales como los pulgones y las cochinillas. Por ello, para eliminarlo, será necesario eliminar previamente la plaga que genera la melaza, por lo que el tratamiento previo a solucionar la negrilla pasa por eliminar las plagas que favorecen su aparición.

Si después de eliminar la plaga que produce la melaza la negrilla no remite, se recomienda aplicar un tratamiento a partir de azufre.

## Mildiu

Otra de las enfermedades causadas por hongos y que puede afectar a nuestro huerto es el mildiu. En este caso, los síntomas son manchas pardas u oscuras en el anverso de las hojas, así como un afelpado blanco que normalmente se localiza en la zona del envés. Suele aparecer después de abundante lluvia o durante períodos de mucha humedad ambiental.

Se puede tratar con una solución de oxicloruro de cobre, con purín de ortiga o con cola de caballo. Además, hay que retirar las partes dañadas y reducir el riego hasta que la enfermedad remita.

## Oídio

El oídio es una de las enfermedades causadas por hongos más fáciles de reconocer. En este caso, el principal síntoma va a ser una capa polvorienta de color blanco que va a cubrir las zonas afectadas.

*El oídio es un hongo muy característico por su aspecto blanco y polvoriento. Si la zona afectada también presenta manchas negras, lo más probable es que no sea oídio sino mildiu.*

Se puede tratar con purín de ortiga y con cola de caballo. No obstante, en los casos más complicados, se recomienda una solución a partir de azufre (que podrá ser líquido o micronizado para diluir en agua y que se aplicará siguiendo las indicaciones del fabricante o distribuidor).

En todos los casos, el tratamiento se aplicará en toda la planta y se procederá a retirar las partes dañadas.

## Roña

La roña es otra de las enfermedades que pueden afectar a las plantas del huerto y que está causada por hongos. En este caso, sus síntomas se reconocen por la aparición de manchas rojas o marrones en las hojas. Después, estas manchas se oscurecen y las hojas empiezan a deformarse y mueren.

Se puede tratar con cola de caballo o con una solución a partir de azufre. Además de aplicar el tratamiento en toda la planta, se deben retirar las partes afectadas.

## Podredumbre húmeda

La podredumbre húmeda es una enfermedad de las plantas causada por una infección bacteriana. Afecta sobre todo a los tubérculos, aunque puede aparecer en cualquier cultivo. Su principal síntoma es que las zonas afectadas se vuelven blandas, con una consistencia pastosa y con un fuerte olor a putrefacción.

Se puede tratar aplicando una solución con oxicloruro de cobre o una solución a partir de azufre. Se recomienda aplicar el tratamiento en toda la planta, aunque con especial hincapié en la zona en donde se ha producido la infección.

## Tabla de tratamientos recomendados

Para facilitar el control de las plagas y enfermedades, la siguiente tabla muestra los tratamientos más recomendados en cada caso.

Antes de aplicar cualquiera de ellos se aconseja leer también el capítulo sobre tratamientos fitosanitarios para evitar posibles incompatibilidades durante su aplicación (por ejemplo, cuando se aplican tratamientos de oxicloruro de cobre o azufre con otros tratamientos).

| Tabla de tratamientos recomendados | |
| --- | --- |
| **Plaga o enfermedad** | **Tratamiento recomendado** |
| Pulgones | Jabón potásico |
| Escarabajo de la patata | Aceite de neem, *Bacillus thuringiensis* |
| Gorgojo | Aceite de neem |
| Chinches | Jabón potásico, aceite de neem, purín de ortiga |
| Trips | Jabón potásico, aceite de neem |
| Moscas | Aceite de neem |
| Cochinillas | Jabón potásico, aceite de neem |
| Ácaros | Jabón potásico, aceite de neem, azufre |
| Caracoles y babosas | Fosfato de hierro |
| Hormigas | Eliminar plagas que segregan melaza |
| Nematodos | Solarización |
| Polillas y orugas | Aceite de neem, *Bacillus thuringiensis* |
| Pájaros | Instalar barreras físicas |
| Antracnosis | Oxicloruro de cobre |
| Roya | Cola de caballo, oxicloruro de cobre |
| Negrilla | Azufre |
| Mildiu | Cola de caballo, oxicloruro de cobre |
| Oídio | Cola de caballo, purín de ortiga, azufre |
| Roña | Cola de caballo, azufre |
| Podredumbre húmeda | Oxicloruro de cobre, azufre |

# 17. Tratamientos fitosanitarios ecológicos

En el capítulo anterior ya los hemos mencionado, pero en este vamos a profundizar un poco más en los tratamientos fitosanitarios ecológicos y sus características.

El objetivo es que el agricultor ecológico principiante tenga una base bien estructurada de las características generales de este tipo de tratamientos, así como el conocimiento suficiente sobre algunas de las características más particulares de cada uno de ellos.

## Qué es un tratamiento fitosanitario ecológico

A grandes rasgos, un tratamiento fitosanitario (en general) es un producto o técnica que se aplica a las plantas o a su entorno cercano (por ejemplo, el sustrato o el agua de riego) con el objetivo de prevenir o curar una plaga o enfermedad.

Un aspecto importante que hay que tener en cuenta cuando se habla de tratamientos fitosanitarios es que, aunque la mayoría de ellos suelen ser productos que se aplican a las plantas, también se puede hablar de tratamiento fitosanitario en el caso de determinadas técnicas que no implican el uso de un producto (por ejemplo, la limpieza manual o la colocación de trampas o estructuras que protegen las plantas).

De esta forma, se puede hablar de tratamientos fitosanitarios químicos (los que utilizan una sustancia cuyas propiedades actúan de forma fitosanitaria) y de tratamientos fitosanitarios físicos (los que no utilizan una sustancia con propiedades activas sino que evitan el daño de las plagas mediante acciones concretas (por ejemplo, la colocación de barreras físicas).

En el caso de los tratamientos fitosanitarios físicos se puede decir que, en general, todos ellos son necesariamente ecológicos. Al no utilizar sustancias químicas de ningún tipo no existe la posibilidad de que dichas sustancias se dispersen en el medio ambiente.

Sin embargo, en el caso de los tratamientos fitosanitarios químicos, vamos a encontrar tanto tratamientos ecológicos como no ecológicos. Los tratamientos ecológicos son aquellos que utilizan sustancias químicas naturales y que no dañan el medio ambiente. Por el contrario, los tratamientos no ecológicos son aquellos que utilizan sustancias químicas artificiales y que sí que son perjudiciales para el medio ambiente.

Como es lógico, en agricultura ecológica solo se pueden utilizar los tratamientos fitosanitarios físicos y los tratamientos fitosanitarios químicos ecológicos.

## Distinción entre tratamiento preventivo y curativo

Además de poderse catalogar según su naturaleza y forma de aplicación, los tratamientos fitosanitarios también se pueden distinguir según el objetivo con el que se aplican en el cultivo. De este modo, podemos distinguir dos tipos de tratamientos fitosanitarios:

* **Tratamiento preventivo**: El tratamiento preventivo es aquel que se aplica al cultivo sin que exista una plaga o enfermedad previa. Su objetivo es, precisamente, evitar que la plaga o enfermedad en cuestión llegue a desarrollarse. Por lo general, se caracteriza por aplicarse en dosis

más pequeñas y espaciadas en el tiempo. Al tratarse de prevención, usar pequeñas cantidades suele ser suficiente.

• **Tratamiento curativo**: El tratamiento curativo es aquel que se aplica cuando se ha detectado una plaga o enfermedad. El producto o técnica que se aplica suele ser el mismo que en el caso del tratamiento preventivo (es decir, adaptado a cada tipo de plaga o enfermedad). Sin embargo, en este caso, como lo que se quiere es combatir una plaga o enfermedad activa, la dosis suele ser más elevada y la aplicación se realiza con mayor frecuencia. Además, una vez que se controla la plaga o enfermedad con el tratamiento curativo, suele recomendarse prolongar el mismo tratamiento durante unos días o semanas más, pero en versión preventiva. De esta forma, se previene cualquier posible rebrote de la plaga o enfermedad que se ha conseguido curar.

Los tratamientos fitosanitarios ecológicos disponibles son muy variados. Muchos de ellos se pueden aplicar para combatir diversos problemas del huerto al mismo tiempo, mientras que otros están recomendados para plagas y enfermedades concretas. Por ello, su conocimiento y correcto uso constituyen herramientas fundamentales en el día a día del agricultor ecológico.

## Tratamientos fitosanitarios ecológicos más habituales

Ahora que conocemos mejor algunas de las plagas y enfermedades más habituales que pueden aparecer en nuestro huerto urbano, llega el momento de profundizar en los tratamientos fitosanitarios ecológicos que podemos aplicar para su control.

Los tratamientos que vamos a ver a continuación ya los hemos mencionado en el capítulo sobre plagas y enfermedades. Sin embargo, ahora vamos a profundizar un poco más sobre cada uno de ellos y sobre la forma de aplicarlos de la manera más adecuada según las circunstancias.

**<u>Limpieza manual</u>**

La limpieza manual es quizás el tratamiento fitosanitario ecológico más sencillo de todos los que se pueden realizar. Consiste, sencillamente, en retirar manualmente la plaga que ataca el cultivo. Como es lógico, se trata de un tratamiento que solo puede aplicarse en algunos casos. Principalmente, en aquellas plagas en las que los animales son lo suficientemente grandes como para verlos a simple vista y retirarlos manualmente (como por ejemplo sucede con caracoles, babosas, escarabajos, colonias de pulgones, etc.).

Cuando se vaya a llevar a cabo la limpieza manual se recomienda hacerlo siempre con guantes o, en su defecto, ayudados de un papel o tela. Es importante utilizar estas medidas protectoras ya que, en algunos casos, podemos encontrarnos con plagas que pueden ser urticantes al contacto con la piel (como por ejemplo sucede con las orugas), o que segregan sustancias malolientes (como sucede con algunos tipos de chinches).

En general, la limpieza manual es un tratamiento fitosanitario continuo y que se debe practicar siempre que se localiza una plaga a simple vista. Sin embargo, debido a que solo permite eliminar los ejemplares más grandes, es importante complementarla con algún tipo de tratamiento fitosanitario líquido, lo que nos ayuda a llegar a cualquier recoveco o zona poco accesible de la planta.

## Jabón potásico ecológico

El jabón potásico es un tipo de jabón artesanal que, a diferencia de la mayoría de jabones que están formulados a partir de sosa, está elaborado a partir de una base de potasio. Su uso habitual es el de la limpieza doméstica. Sin embargo, gracias a su formulación con base de potasio, también se puede utilizar como un tratamiento fitosanitario ecológico de amplio espectro.

¿Significa esto que todos los jabones con base de potasio son respetuosos con el medio ambiente y aptos para la agricultura ecológica? La respuesta es no.

Hay que tener en cuenta que solo los jabones potásicos obtenidos mediante saponificación de ácidos grasos completamente naturales son ecológicos y, en consecuencia, son los únicos que se deben utilizar en este tipo de agricultura. Por ejemplo, se deben evitar aquellos que contienen sustancias artificiales como perfumes, colorantes, espesantes, blanqueantes, etc.

Para ello, antes de adquirirlo, es indispensable revisar los ingredientes con los que está elaborado y asegurarse de que cumple con los requisitos necesarios para ser utilizado en agricultura ecológica. Por ello, aunque el jabón potásico se puede adquirir en diversos establecimientos, lo más recomendable es hacerlo en una tienda de comercio ecológico. Además, si seleccionamos un producto en cuyo envase se pueda leer de forma clara y sin ambigüedades "apto para uso en agricultura ecológica" (o una indicación similar), podemos estar prácticamente seguros de que se trata del tipo de jabón potásico que estamos buscando.

Al margen de este matiz sobre los distintos tipos de jabones potásicos que existen, hay que tener en cuenta que se trata de un producto fitosanitario muy útil en el huerto. Por ello, aunque puede ser difícil encontrar un jabón potásico ecológico, se trata de un producto muy eficaz a la hora de combatir diversos tipos de enfermedades y plagas, por lo que es muy recomendable contar con él siempre a mano.

Para usarlo basta con diluir una pequeña cantidad de este tipo de jabón en agua (aproximadamente unos 10 ml por cada litro de agua). Se debe diluir completamente y, a continuación, se aplica mediante un pulverizador por toda la superficie de la planta afectada y sin olvidar el envés de las hojas.

Se aconseja evitar su aplicación directamente en las flores. Es preferible aplicarlo evitando las horas de sol directo. Además, hay que recordar que se debe volver a aplicar después de que llueva (ya que, al diluirse en agua, la lluvia lo arrastra y lo elimina).

El jabón potásico se puede aplicar sin problema cuando se vaya a aplicar también un tratamiento a partir de aceite de neem. Sin embargo, nunca se debe aplicar combinado o a continuación de un tratamiento de cobre, azufre o fosfato de hierro, ya que podría producir una reacción química potencialmente peligrosa para las plantas. En el caso de que se quiera aplicar uno de estos tratamientos y también uno a partir de jabón potásico, estos se deberán espaciar entre sí para evitar cualquier posible riesgo. De hecho, lo más aconsejable es dejar pasar al menos una semana entre la aplicación de un tratamiento y otro.

El jabón potásico ecológico es biodegradable, no daña el medio ambiente y no afecta negativamente a la fauna útil para el huerto. Por el contrario, se trata de un tratamiento fitosanitario muy eficaz a la hora de combatir múltiples plagas. Entre ellas, cabe destacar pulgones, chinches, trips, cochinillas, ácaros y algunos tipos de enfermedades causadas por hongos.

A lo largo del libro hablamos en varias ocasiones de este producto. Siempre que se menciona el jabón potásico hay que tener en cuenta que se está haciendo referencia al "jabón potásico ecológico", que es el que es apto para usar en agricultura ecológica.

## Aceite de neem

El aceite de neem, también llamado aceite de nim, es un aceite que se obtiene de los frutos y semillas del árbol del mismo nombre. El árbol de neem es originario del subcontinente indio. Sin embargo, actualmente está extendido por amplias regiones tropicales, ya que su aceite tiene diversos usos, no solo en agricultura ecológica, sino también en cosmética.

El aceite de neem contiene diferentes principios activos que, al igual que protegen al árbol de neem de muchas plagas y enfermedades, puede ser aplicado en otras plantas para que también se aprovechen de sus beneficios.

La aplicación del aceite de neem como tratamiento fitosanitario se puede hacer de varias formas. No obstante, la más efectiva de todas es la aplicación foliar, directamente con un pulverizador que distribuya el aceite de forma homogénea por toda la superficie de las hojas y ramificaciones.

Como se trata de un aceite no se puede mezclar con agua. No obstante, se puede aplicar juntando el agua y el aceite en el recipiente del pulverizador y, justo antes de la aplicación, agitarlo antes de la aplicación. De esta forma, se consigue diluir el aceite en el agua de forma bastante homogénea, lo que mejora mucho los resultados durante la aplicación.

Otra opción es aplicar el aceite de neem previamente emulsionado. Para ello, además del aceite de neem en el agua, también añadiremos una parte proporcional de jabón potásico. De esta forma, conseguiremos emulsionar el aceite de neem y que sí que se diluya en el agua sin ninguna dificultad. Además, la acción combinada del aceite de neem con la del jabón potásico potencia su efecto, lo que es muy recomendable, por ejemplo, en la lucha de algunas plagas típicas del huerto ecológico (ácaros, cochinillas, etc).

Aunque se puede aplicar directamente, lo más recomendable es aplicar este aceite siempre rebajado con agua, ya sea solo o emulsionado con jabón potásico. La proporción será de unos 10 ml de aceite por cada litro de agua aproximadamente.

Se recomienda aplicarlo siempre por la tarde, ya que algunos de los principios activos del aceite de neem se degradan rápidamente con la incidencia de la luz solar directa.

El aceite de neem es un tratamiento eficaz a la hora de tratar multitud de plagas. Como por ejemplo el escarabajo de la patata, el gorgojo, las chinches, los trips, las moscas, las cochinillas, los ácaros, así como diversos tipos de polillas y orugas.

## Cola de caballo

La cola de caballo (*Equisetum arvense*) es un tipo de helecho que, además de tener propiedades antifúngicas, también se utiliza como planta medicinal. En el huerto ecológico va a ser especialmente útil a la hora de combatir las enfermedades causadas por hongos, ya que se trata de un tratamiento fungicida menos agresivo que el oxicloruro de cobre o el azufre, lo que facilita su aplicación tanto en el caso de tratamientos preventivos como curativos.

La aplicación de la cola de caballo se puede hacer de dos formas. La primera de ellas es mediante decocción. En este caso, tras dejar macerar la cola de caballo durante 12 horas en agua fría, debemos hervirla (usando el mismo agua de la maceración) durante unos 30 minutos aproximadamente. Una vez que el agua se haya enfriado, la podemos aplicar en las hojas mediante un pulverizador o en las raíces usándola como agua de riego.

La segunda forma de aplicar la cola de caballo es preparando un purín con su maceración. En este caso, dejamos macerar la cola de caballo en agua durante una o dos semanas. Después de filtrar, podemos aplicar el agua resultante de las mismas formas que en el caso anterior.

En ambos casos, la proporción de cola de caballo es de aproximadamente 15 g por cada litro de agua. Los tratamientos a partir de cola de caballo son especialmente efectivos para combatir enfermedades fúngicas como la roya, el mildiu, el oídio y la roña.

## Ortiga

La ortiga (*Urtica dioica*) es una hierba muy conocida por sus propiedades urticantes al contacto con la piel. Sin embargo, estas mismas propiedades urticantes son las que la convierten en un aliado muy beneficioso en el huerto ecológico.

Su aplicación se podrá realizar igual que en el caso de la cola de

*La ortiga es muy urticante al contacto directo con la piel. Estas propiedades urticantes la convierten en una planta muy útil para combatir multitud de plagas y enfermedades del huerto ecológico.*

caballo (ya sea en forma de decocción o mediante purín, con los mismos procesos de preparación y en las mismas proporciones).

El purín de ortiga es un tratamiento eficaz a la hora de combatir plagas de pulgones, ácaros y chinches. Además, se trata de un fungicida muy potente a la hora de combatir el oídio.

## *Bacillus thuringiensis*

El *Bacillus thuringiensis*, o Bt, es una bacteria que se puede encontrar de forma natural en suelos y superficies foliares. Su principal característica radica en que produce un tipo de cristales de proteínas que son tóxicos para algunas especies de insectos cuando los ingieren (en concreto, insectos que son perjudiciales para los cultivos). Sin embargo, hay que recalcar que se trata de una bacteria completamente inocua para el resto de organismos del huerto, además de, por supuesto, para el ser humano y el resto de animales.

La aplicación de un tratamiento a partir de *Bacillus thuringiensis* deberá hacerse siguiendo las instrucciones del fabricante del producto. Actualmente, se pueden encontrar productos comerciales con esta bacteria en las tiendas de jardinería y agricultura ecológica, por lo que basta con adquirirlo y aplicarlo según las indicaciones.

Por lo general, se comercializa en forma de polvo que se diluye en agua y que se aplica mediante pulverización a todas las plantas que se quieren tratar. No obstante, como cada fabricante puede comercializar el producto de forma diferente, siempre nos remitiremos a las instrucciones concretas de cada producto.

El *Bacillus thuringiensis* es eficaz a la hora de combatir el escarabajo de la patata, las polillas y las orugas.

## Solarización

La solarización por radiación es un tratamiento que se debe aplicar cuando no hay nada plantado, ya que su aplicación mata cualquier tipo de cultivo. La solarización permite aprovechar la radiación ultravioleta para eliminar cualquier tipo de agente patógeno presente en el sustrato (se puede aplicar tanto en suelos como en sustratos de macetas).

Para aplicar un tratamiento de solarización es necesario esperar al verano, que es cuando la luz solar va a calentar más y cuando va a permitir obtener mejores resultados.

Para ello, una vez que se ha eliminado cualquier resto vegetal antiguo, se cubre el suelo con un tejido que permita su total cubrición y que evite la ventilación. Lo más habitual es utilizar capas de plástico negro que después de usarse se pueden conservar para volver a ser utilizadas en el futuro.

La capa de plástico debe fijarse lo mejor posible al suelo o superficie que se quiere tratar y, a continuación, cerrar los extremos con ayuda de pesos que eviten la ventilación del interior. Después, basta con dejarlo así durante al menos 48 horas en verano. Finalmente, se retira la capa de plástico y el proceso de solarización se da por completado.

¿Qué se consigue con esto? Calentar el suelo hasta una temperatura lo suficientemente elevada como para eliminar cualquier plaga o enfermedad que pueda refugiarse en el sustrato. Al estar cubierto con una capa de plástico negro en verano, la temperatura interior del suelo aumenta hasta los 60 o 70 °C aproximadamente. De esta forma, se consigue eliminar la mayoría de plagas, lo que permite higienizar el suelo para la siguiente cosecha.

La solarización es efectiva casi con cualquier plaga. Sin embargo, es especialmente útil en el tratamiento de los nematodos, que son particularmente complicados de combatir al estar ubicados en el sustrato, lejos del alcance de la mayoría de tratamientos fitosanitarios ecológicos más comunes.

## Oxicloruro de cobre

El oxicloruro de cobre se utiliza como fungicida y bactericida en general. Se trata de un producto de origen mineral y natural. Por lo que es apto para ser utilizado en agricultura ecológica. Se suele aplicar diluido en agua mediante un pulverizador.

No obstante, hay que tener en cuenta que se trata de un producto que, aunque es natural, no es inocuo. Por ello, debe aplicarse siempre siguiendo las instrucciones del fabricante o distribuidor.

El oxicloruro de cobre es un tratamiento especialmente eficaz contra las enfermedades causadas por hongos. Por ejemplo, contra la antracnosis, la roya y el mildiu. Además, también es muy efectivo en el caso de enfermedades causadas por bacterias, como por ejemplo la podredumbre húmeda.

Su uso se recomienda especialmente en el caso de problemas de hongos que no han conseguido ser controlados por otros métodos, como el control de la humedad o el uso de purines de cola de caballo o de ortiga.

Los tratamientos a partir de oxicloruro de cobre deben aplicarse de forma separada a los de jabón potásico, azufre y fosfato de hierro. Preferiblemente dejando pasar 7 días o más entre uno y otro.

## Azufre

El azufre es utilizado en agricultura ecológica principalmente como fungicida y acaricida. Al igual que sucede con el oxicloruro de cobre, se trata de un producto natural de origen mineral, por lo que es apto para ser usado en agricultura ecológica. Sin embargo, nos encontramos de nuevo ante un producto que, aunque natural, no es inocuo. Por ello, es indispensable que su manipulación y aplicación se haga siempre siguiendo las indicaciones del fabricante o distribuidor.

El azufre para agricultura ecológica se comercializa generalmente en dos formatos. Se puede encontrar líquido o en forma de polvo micronizado (polvo que se diluye en agua antes de ser aplicado).

Hay que recordar que el azufre es un producto natural pero, al mismo tiempo, muy irritante cuando se manipula de manera concentrada. Por ello, cuando se vaya a aplicar el tratamiento, lo más aconsejable es hacerlo con guantes y manipular el producto siempre en espacios al aire libre y bien ventilados.

Los tratamientos a partir de azufre son muy eficaces en el tratamiento de enfermedades causadas por hongos y bacterias como el oídio, la negrilla, la roña y la podredumbre húmeda. Además, también es muy efectivo en el control y eliminación de ácaros como la araña roja o la araña amarilla.

Salvo que el fabricante indique lo contrario, se deberán evitar otros tratamientos fitosanitarios a partir de jabón potásico, oxicloruro de cobre y fosfato de hierro durante los 21 días anteriores y posteriores a la aplicación de un tratamiento con base de azufre.

## Fosfato de hierro

El fosfato de hierro es un producto natural de origen mineral. Por ello, también es apto para su uso en agricultura ecológica.

El fosfato de hierro se utiliza para combatir la presencia de caracoles y babosas. Se trata de un producto que no afecta a otros animales ni a las personas, y cuenta con la ventaja de que es muy sencillo y fácil de administrar. En cualquier caso, al tratarse de un producto fitosanitario que se debe adquirir en comercios, se deben seguir siempre las instrucciones del fabricante o distribuidor.

La forma de aplicar el fosfato de hierro puede variar según el fabricante. No obstante, por lo general, este producto se aplica directamente en el huerto, esparciendo un puñado por la superficie del suelo. Cuando los caracoles y babosas lo ingieren, estos dejan de sentir hambre, por lo que se retiran sin dañar los cultivos. Finalmente, mueren por inanición.

# 18. Plagas y enfermedades: mejor prevenir que curar

Aunque los tratamientos fitosanitarios suelen aplicarse cuando se localiza una plaga o enfermedad concreta, es importante remarcar que, con un tratamiento preventivo estándar, se pueden llegar a evitar la mayoría de estos problemas. A continuación vamos a ver una serie de recomendaciones que nos ayudan a prevenir la aparición de las plagas y enfermedades más habituales en los huertos urbanos y ecológicos.

## Tratamiento preventivo a partir de jabón potásico y aceite de neem

El tratamiento preventivo ecológico más recomendable es una solución a partir de jabón potásico y aceite de neem. Este tratamiento tiene la virtud de combinar los efectos beneficiosos de ambos productos, lo que permite cubrir un amplio espectro de plagas y enfermedades muy comunes en la mayoría de huertos.

El tratamiento preventivo se aplica una vez a la semana de forma alterna. Es decir, una semana se aplica una pulverización general a partir de jabón potásico y la siguiente se aplica una pulverización general a partir de aceite de neem. A la siguiente semana se vuelve a aplicar la pulverización general a partir de jabón potásico y a la siguiente otra vez la de aceite de neem, y así sucesivamente.

Este tratamiento es sencillo y fácil de aplicar, y tiene la virtud de cubrir un espectro bastante amplio de plagas y enfermedades, por lo que se presenta como una barrera protectora estándar genérica para el huerto.

Por otro lado, aunque lo más habitual es mezclar los productos en una relación de unos 10 ml por cada litro de agua, en este caso podemos reducir la mezcla a una proporción de unos 5 ml por cada litro de agua aproximadamente. ¿Por qué? Porque como se trata de un tratamiento preventivo no va a ser necesario que la dosis sea tan elevada como cuando queremos aplicar un tratamiento curativo.

No obstante, en el caso de que notemos que esta cantidad no es suficiente para prevenir correctamente algunas plagas o enfermedades que sí que se deberían eliminar con el jabón potásico y el aceite de neem, podemos aumentar el tratamiento a la dosis habitual. Es decir, a 10 ml de producto por cada litro de agua.

Este tratamiento preventivo nos ayuda a evitar muchas de las plagas más comunes de los cultivos. Como por ejemplo pueden ser los pulgones, los ácaros, algunos tipos de escarabajos, diversos tipos de insectos chupadores y minadores, etc.

## Consejos generales para prevenir los problemas de hongos

Además de las plagas, las enfermedades causadas por hongos son el otro problema más habitual en los huertos urbanos y ecológicos. Ya hemos visto diversos tratamientos que nos ayudan a controlarlos (cola de caballo y ortiga en el caso de tratamientos a partir de plantas y oxicloruro de cobre y azufre en el caso de tratamientos minerales).

Sin embargo, si queremos evitar tener que llegar a la necesidad de aplicarlos, lo mejor, como siempre, es prevenirlos.

A continuación se exponen una serie de consejos generales que nos ayudan a evitar la aparición de enfermedades fúngicas y que son aplicables a cualquier tipo de cultivo.

- **Ajustar el riego**: Adecuar correctamente el riego es el primer paso para prevenir los hongos. En este sentido, la utilización de un sistema de riego por goteo puede ser de gran ayuda. En el caso de regar con regadera, se recomienda llevar un control cuantificable de la cantidad de agua que se utiliza. Además, también hay que tener en cuenta que las cantidades de agua necesarias varían según el clima y la estación del año, por lo que su ajuste contribuye a prevenir la aparición de este tipo de problemas.

- **Controlar la humedad foliar**: El agua de riego se debe aplicar directamente en el sustrato (en concreto cerca del tallo). Algunas plantas pueden demandar humedad ambiental en las hojas. Sin embargo, un exceso de humedad foliar puede favorecer la aparición de hongos en estas partes de la planta. Por ello, si la planta no lo requiere, es preferible evitar mojar las hojas.

- **Evitar los encharcamientos**: Además de controlar la cantidad del riego y la humedad foliar, también se debe prestar especial atención a los encharcamientos. En el caso de un encharcamiento en suelo, esto nos indica un mal o insuficiente drenaje, por lo que habrá que corregirlo. En el caso de un encharcamiento en maceta, este se puede deber tanto a un mal drenaje del sustrato como a un exceso de agua que se acumula en el plato inferior. En ambos casos, habrá que corregirlo y eliminar el exceso de agua sobrante.

- **No tocar la planta cuando está húmeda**: Cuando la planta está húmeda (por ejemplo, después de un tratamiento con pulverización o después de que llueva) se debe evitar tocarla, especialmente las hojas. Esto podría facilitar que algunos hongos se desarrollen con más rapidez y, además, podríamos favorecer la dispersión de esporas a través de nuestras propias manos.

- **Lavar todo el material del huerto y las propias manos**: Otro aspecto importante que hay que tener en cuenta para prevenir la aparición de hongos es la higiene. Los hongos se reproducen por esporas, que son muy fáciles de transportar. Para evitarlo, es importante cuidar la higiene en el huerto. Hay que lavarse las manos antes y después de realizar las labores agrícolas, así como todo el material que está en contacto directo con las plantas o el sustrato.

- **Eliminar las partes afectadas por hongos**: Cuando se localiza una infección por hongos, además de aplicar el tratamiento curativo a toda la planta, se deben eliminar las partes más afectadas. De esta forma, retiramos las zonas que tienen más capacidad de reproducir la enfermedad en otras partes del cultivo.

- **No añadir las partes afectadas a la compostadora**: Aunque los restos de poda del huerto son perfectamente compostables, se debe evitar añadir a la compostadora aquellos que hayan sido eliminados a causa de una enfermedad fúngica. Los restos eliminados suelen contener esporas de los hongos que se podrían esparcir a través del compost e infectar a otras plantas.

- **Tutorar las plantas para mejorar su aireación**: Utilizar tutores como guías y espalderas en algunos cultivos ayuda a prevenir la aparición de hongos. Esto se debe a que, al tutorar las plantas, se mejora la aireación de la base, lo que favorece un ambiente más seco y el acceso de la luz solar, dificultando así el desarrollo de enfermedades fúngicas.

- **Rotación de cultivos**: Algunos cultivos tienen mayor predisposición que otros a padecer problemas de hongos. Por ello, practicar la rotación de cultivos dificulta la proliferación y dispersión de estas enfermedades.

- **Aplicar purines de cola de caballo y de ortiga de forma preventiva**: Al igual que se pueden aplicar tratamientos preventivos contra las plagas, también se pueden aplicar tratamientos preventivos contra las enfermedades fúngicas del huerto. En este sentido, la mejor opción es aplicar mediante un pulverizador purines de cola de caballo y de ortiga. La aplicación se puede hacer de manera similar al tratamiento preventivo a partir de jabón potásico y aceite de neem. Es decir, alternando las pulverizaciones de cola de caballo y de ortiga de manera semanal. En el caso de los tratamientos antifúngicos minerales (oxicloruro de cobre y azufre) es preferible reservarlos para cuando sea necesario aplicar tratamientos curativos, ya que se trata de tratamientos más agresivos para el cultivo y es preferible limitar su uso siempre que sea posible.

# 19. Productos comerciales ecológicos

En los capítulos anteriores hemos visto algunos de los tratamientos fitosanitarios ecológicos más habituales y efectivos. Sin embargo, esto no significa que solo existan los que se han mencionado. En realidad, el espectro de tratamientos fitosanitarios y ecológicos es bastante amplio. No obstante, dado que este libro pretende ser un manual para principiantes, se ha preferido limitar el listado a solo unos cuantos con el objetivo de facilitar su identificación y uso por parte del agricultor principalmente.

Como se ha podido ver, son muchos los productos ecológicos que se pueden utilizar en el huerto urbano. Muchos de ellos, productos comerciales que se tienen que adquirir en una tienda de jardinería, agricultura o comercio ecológico.

Ante este hecho, surge una cuestión sobre la que conviene reflexionar: ¿Los productos comerciales "ecológicos" son realmente ecológicos? ¿Son aptos para ser usados en un huerto que pretende ser completamente respetuoso con el medio ambiente?

Por regla general se puede decir que sí. Al menos, siempre que cumplan con todas las normas reguladoras oficiales relativas a "agricultura ecológica" (entendida como término concreto y con carácter legal).

Es decir, los productos comerciales ecológicos que se pueden adquirir en los centros de jardinería o de agricultura son aptos para un huerto ecológico.

Esto no implica necesariamente que, en una tienda en cuestión, todos los productos que se vayan a encontrar sean ecológicos. Por ello, es necesario revisar cada producto de forma individual para asegurarse de que es apto para ser utilizado en este tipo de agricultura.

En este sentido, podemos identificarlos por sellos en el envase o por la información que aparece en el producto. Por ejemplo, las etiquetas "ecológico", "bio", "orgánico", "producto utilizable en agricultura ecológica" o similares, son la forma más habitual de identificar este tipo de productos.

No obstante, a pesar de que este tipo de etiquetas nos indican que el producto en cuestión es apto para la agricultura ecológica, se recomienda leer con detenimiento toda la información del mismo. No debemos olvidar que, aunque un producto sea natural, eso no implica necesariamente que su uso esté aceptado en la agricultura ecológica.

## Quién decide qué productos se pueden usar en agricultura ecológica y cuáles no

Hay que tener en cuenta que no existe una única autoridad que dictamine qué productos son ecológicos y cuáles no. En el caso de la Unión Europea, los productos que son autorizados para su uso en agricultura ecológica están regulados de acuerdo con el Reglamento (CE) n° 889/2008 (y los posteriores que lo modifican y complementan).

Esta norma es la principal referencia en lo que a agricultura ecológica se refiere en el espacio de la Unión Europea. Sin embargo, hay personas que pueden considerar que el uso de determinados productos autorizados en esta norma deberían restringirse.

Por ejemplo, esta norma autoriza el uso del oxicloruro de cobre y del azufre (y otros tratamientos de origen mineral) como productos ecológicos al tratarse de productos naturales. No obstante, puede haber personas que prefieran prescindir de ellos en el huerto ecológico al considerarlos demasiado agresivos a pesar de que se trate de productos naturales. En estos casos, se suele optar por otros tratamientos fitosanitarios distintos para el control de las enfermedades fúngicas del huerto ecológico. Por ejemplo, aquellos basados únicamente en el uso de tratamientos a partir de plantas, como por ejemplo sucede con la cola de caballo y con la ortiga.

A pesar de los debates que puede generar esta cuestión, actualmente, en la Unión Europea, los controles que pasan los productos catalogados como ecológicos son muy estrictos y, por lo general, se puede afirmar que son perfectamente compatibles con los principios más esenciales de la agricultura ecológica.

## Más allá de la norma

Además del Reglamento (CE) n° 889/2008, existen otros elementos que nos ofrecen todavía más garantías respecto a los productos ecológicos comerciales que podemos adquirir en tiendas. En este sentido, existen diferentes instituciones y organizaciones que trabajan de forma paralela a los poderes políticos y que pueden ser consideradas como una voz autorizada a la hora de determinar qué debería ser considerado como un producto ecológico y qué no lo es.

Un ejemplo de estas organizaciones es ECOCERT. ECOCERT es una organización que trabaja en la certificación orgánica. Es decir, se ocupa de analizar los productos comerciales y determina si son aptos para ser considerados como ecológicos o no. Se trata de una organización fundada en Francia en 1991 y, aunque trabaja principalmente en territorio galo, su división ECOCERT INTERNATIONAL trabaja en muchos países distintos de todo el mundo.

¿Qué aporta esta organización y otras similares a los productos comerciales? Desde la perspectiva del consumidor, lo más interesante es su sello. Por ejemplo, en el caso de ECOCERT, su trabajo consiste en analizar los productos y, en el caso de que cumplan con sus criterios internos, los capacita para poner el sello ECOCERT.

Es decir, un sello con el logo de la organización que aparece en el exterior del producto y que tiene como función principal informar al consumidor de que, lo que tiene entre las manos, es un producto que se ajusta a los estándares ecológicos de la organización (que por lo general suelen ser todavía más exigentes que los establecidos desde instituciones políticas o estatales).

## Entonces, ¿son recomendables los productos comerciales ecológicos?

En términos generales, se puede afirmar que se puede confiar sin demasiadas reservas en los productos comerciales ecológicos que se comercializan en la Unión Europea y que dejan claro que el producto es apto para ser usados en agricultura ecológica. Además, si estos productos comerciales vienen también avalados con certificaciones adicionales que sean una voz autorizada en la materia, se puede estar prácticamente seguro de que se trata de un producto ecológico que ofrece todas las garantías.

Así mismo, hay que tener en cuenta que, con excepción de los productos ecológicos caseros, muchas veces, el agricultor ecológico no va a tener acceso por sí mismo a determinados productos útiles en el huerto ecológico. Por ello, se va a ver obligado a adquirirlos en una tienda de jardinería o agricultura. O a prescindir de ellos si no los adquiere en un comercio.

En este sentido, la mejor recomendación que se puede hacer ante la duda de si utilizar o no un producto comercial es dedicarle el tiempo necesario para informarse sobre el mismo y sobre sus efectos. De esta forma, se estará en pleno conocimiento de las características del producto en particular y se podrá decidir si se ajusta o no al tipo de agricultura que se quiere practicar en cada huerto.

# 20. Animales útiles para el huerto

Aunque son muchas las plagas que pueden perjudicar nuestro huerto urbano, también son muchos los animales que van a jugar a nuestro favor. La presencia de ciertos animales en el huerto nos va ayudar a proteger los cultivos y, al no utilizar tratamientos fitosanitarios químicos, la agricultura ecológica garantiza su proliferación y crecimiento.

Cuando vemos alguno de estos animales en el huerto, lo mejor que podemos hacer es dejarlo tranquilo para que cumpla con su papel en el ecosistema y así contribuir al buen desarrollo del cultivo.

## Pájaros insectívoros

Aunque algunos pájaros pueden alimentarse de los cultivos (especialmente en el caso de algunas plantas pequeñas o recién germinadas), la mayoría de ellos van a contribuir eliminando multitud de insectos y otros parásitos perjudiciales para las plantas. Algunas de estas aves insectívoras que nos ayudan a proteger el huerto son la abubilla, el herrerillo, el mosquitero común o el mirlo, entre otros. De hecho, si queremos propiciar su presencia en el huerto, una buena idea puede ser instalar una casa para pájaros cerca de las plantas que queremos proteger de plagas.

## Murciélagos

Junto a los pájaros insectívoros, los murciélagos son otro de los grandes aliados a la hora de prevenir plagas. Los murciélagos se alimentan de multitud de insectos, especialmente de mariposas nocturnas, moscas y mosquitos. Muchos de estos insectos ponen sus huevos en las plantas del

huerto y, al nacer, sus larvas se comen sus hojas. La presencia de murciélagos ayuda a reducir su población de forma significativa, por lo que siempre es buena señal verlos volar por las cercanías del huerto cuando anochece. Al igual que sucede con los pájaros insectívoros, podemos colocar casas para murciélagos en las inmediaciones del huerto para atraerlos.

## Lombrices

Las lombrices son uno de los animales que más nos va a ayudar en el huerto urbano, tanto en cultivos de suelo como en cultivos en soportes. Las lombrices van a airear el sustrato y van a contribuir a la degradación de la materia orgánica muerta, que se convierte en abono natural. Además, su actividad es esencial en el caso de contar con una compostadora, ya que son unas grandes productoras de compost muy rico en nutrientes para las plantas.

## Mariquitas

Además de ser llamativas por sus colores y puntos, las mariquitas son grandes devoradoras de pulgones, una de las plagas más comunes en

*Además de dar un toque de color al huerto, las mariquitas contribuyen a su protección alimentándose de muchos de los artrópodos dañinos para los cultivos.*

todos los huertos. En concreto, son las larvas de las mariquitas las que se alimentan de pulgones y de otros insectos similares. Por lo que su presencia siempre debe ser bienvenida en el huerto ecológico.

## Tijeretas

Las tijeretas, también llamadas fortículas, son fáciles de reconocer por las pinzas que se ubican en la parte trasera de su cuerpo. Al igual que sucede con las mariquitas, se alimentan de otros insectos, especialmente de pulgones, por lo que cumplen una labor de limpieza sin igual en el huerto ecológico.

Se las puede atraer creando nidales de tijeretas cerca del huerto. Para ello basta con llenar una maceta con paja, serrín, musgo o compost y ponerla boca abajo. Este ambiente es perfecto para que las tijeretas prosperen y que, cuando tengan hambre, salgan de su humilde hogar en busca de comida.

## Crisopas

La crisopa es fácil de reconocer por su color verde brillante (parece casi fluorescente), cuerpo alargado y alas transparentes. Al igual que sucede con las mariquitas, sus larvas son grandes devoradoras de pulgones.

## Sírfidos

Son fáciles de reconocer porque parecen avispas pequeñas. Se alimentan de pulgones y otros parásitos del huerto. Se los puede atraer plantando algunas hierbas aromáticas como el perejil o el eneldo.

## Avispas parásitas

Aunque tienen mala fama, muchas avispas se alimentan de otros insectos, algunos de ellos perjudiciales para el huerto. En concreto, las avispas parásitas depositan sus huevos en otros insectos que sirven de alimento para sus larvas. Son muy efectivas a la hora de combatir orugas y algunos tipos de mariposas.

## Cárabos

Tienen un aspecto parecido al de pequeños escarabajos de color verde brillante. Son muy efectivos para combatir orugas, babosas y caracoles.

## Insectos polinizadores

Este listado de animales útiles para el huerto no podría completarse sin una mención especial a los insectos polinizadores. Aquí se incluyen todos aquellos insectos que, al alimentarse del néctar de las flores,

*Las abejas son las principales responsables de la polinización de las flores. Sin ellas la agricultura sería imposible tal y como la conocemos.*

contribuyen a la polinización transportando el polen de una flor a otra y permitiendo así que las flores se conviertan en frutos.

Su actividad es esencial en multitud de cultivos, muchos de ellos fundamentales para la alimentación humana, por lo que nuestra supervivencia está ligada a la suya. Los insectos polinizadores por antonomasia son las abejas, pero también actúan como tal los abejorros y algunos tipos de mariposas, entre otros.

## Otros animales polinizadores

Aunque los insectos polinizadores son los animales más importantes a la hora de polinizar las flores, es importante mencionar que no son los únicos polinizadores que se pueden ver en el huerto. De hecho, el mejor ejemplo lo encontramos en los pájaros colibríes. Al igual que sucede con las abejas y otros insectos polinizadores, estos pájaros de pequeño tamaño se alimentan del néctar de las flores. Cuando van a comer, llevan consigo el polen de una flor a otra y, de esta forma, contribuyen al proceso de polinización igual que sucede con los insectos.

# 21. Asociación y rotación de cultivos

En este capítulo vamos a ver qué son la asociación y la rotación de cultivos. Dos técnicas muy sencillas que nos van a permitir mejorar las condiciones de nuestros cultivos y, al mismo tiempo, evitar muchos de los problemas habituales del huerto ecológico, incluido el agotamiento o fatiga del suelo.

*Algunos cultivos crecen mejor cuando se plantan juntos. Es lo que se conoce como asociación de cultivos, y permite obtener mejores cosechas.*

## Qué es la asociación de cultivos

La asociación de cultivos consiste en cultivar dos o más especies vegetales en el mismo espacio y al mismo tiempo. En principio, esto puede parecer poco práctico. Se podría pensar que, al tener dos especies vegetales en el mismo espacio, estas compiten entre sí por los nutrientes del suelo. Sin embargo, si la asociación de cultivos se hace correctamente, se evita esta situación y se obtienen más beneficios que inconvenientes. Es decir, que la asociación de cultivos solo se recomienda en el caso de cultivos que sean compatibles entre sí.

Algunas de las ventajas que ofrece la asociación de cultivos cuando se practica correctamente son las siguientes:

• **Protección frente a determinados parásitos, plagas o enfermedades**: Hay plantas que repelen a determinadas plagas y otras que son un blanco fácil. Plantando conjuntamente ambas, el cultivo débil se beneficia de la acción repelente del fuerte.

• **Obtención de varios productos al mismo tiempo**: Como es lógico, si plantamos varios cultivos en un mismo espacio, obtendremos diferentes productos de ese mismo suelo.

• **Aumento de la productividad y del rendimiento de los cultivos**: Algunos cultivos se benefician mutuamente al estar plantados de forma conjunta. Uno de los mejores ejemplos lo encontramos en las leguminosas que, al actuar como fijadoras del nitrógeno, enriquecen el suelo, lo que beneficia a los demás cultivos cuyas raíces comparten espacio.

• **Mayor aprovechamiento del terreno**: La asociación de cultivos permite aprovechar mejor el espacio disponible (tanto en un sentido vertical como horizontal). La asociación de cultivos permite ofrecer una buena cobertura del suelo y, al mismo tiempo, un mejor aprovechamiento del espacio aéreo disponible, logrando una utilización más completa de la luz disponible.

## Tipos de asociación de cultivos

Según la forma en que se distribuyan los cultivos en el terreno se puede hablar de distintos tipos de asociación de cultivos:

- **Cultivos intercalados**: Son aquellos que presentan dos o más cultivos divididos en distintos surcos pero en el mismo terreno. Cuando se asocian dos plantas, lo más habitual es distribuir los surcos del suelo de forma alterna entre un cultivo y otro.

- **Cultivos mixtos**: Son aquellos que no diferencian los espacios o surcos entre cultivos. Es decir, los cultivos asociados están mezclados y lo que se alterna es cada unidad de planta. Debido a la cercanía entre una especie y otra, los cultivos mixtos son los que ofrecen mayores ventajas a la hora de asociar diferentes especies vegetales.

- **Cultivos en fajas**: Son aquellos que dividen el terreno en zonas más amplias (por ejemplo bancales enteros) para cada cultivo. En este caso, los beneficios de los cultivos asociados son menores, ya que existe mayor distancia entre un cultivo y otro.

## Consejos para la asociación de cultivos

Antes de asociar cultivos, hay que asegurarse de que estos sean compatibles entre sí. Si quieres saber con qué planta se puede asociar un cultivo determinado, puedes ir directamente a la tabla que se encuentra al final de este capítulo.

No obstante, más allá de las asociaciones concretas, algunos consejos generales que se deben tener en cuenta a la hora de asociar cultivos en el huerto son los siguientes:

- Se deben escoger plantas que no compitan entre ellas. Es decir, plantas cuyas demandas de nutrientes no sean las mismas.

- Se deben escoger plantas que se adapten bien a las mismas condiciones. Al cultivarse juntas, tendrán las mismas condiciones de suelo, agua, temperatura, etc.

- Se recomienda escoger plantas que tengan un ciclo de vida diferente.

- Se recomienda asociar cultivos de raíces profundas con otros de raíces de superficie.

- Igualmente que sucede con las raíces, se recomienda asociar cultivos de espacios aéreos diferentes (el volumen aéreo que las hojas y las ramas ocupan).

- Se recomienda sembrar cultivos sensibles a ciertas plagas o enfermedades junto a aquellos que tengan propiedades repelentes de dichas plagas o enfermedades.

- Las leguminosas, por su acción de fijación del nitrógeno, van a ayudar a enriquecer el sustrato con este nutriente tan necesario para todas las plantas. Por ello, se recomienda asociarlas a cultivos con alta demanda de nitrógeno.

## Qué es la rotación de cultivos

Además de la asociación de cultivos, otra técnica esencial del huerto ecológico para mejorar la producción y la calidad de los productos es la rotación de cultivos. La rotación de cultivos consiste en evitar plantar las mismas especies vegetales de forma seguida en el mismo suelo. O, lo que es lo mismo, consiste en ir cambiando las especies vegetales que se cultivan en el mismo suelo según se suceden las cosechas.

La rotación de cultivos ayuda a contrarrestar el agotamiento de nutrientes del suelo (cada especie vegetal presenta diferentes demandas de nutrientes, por lo que su práctica permite que el suelo se recupere progresivamente a medida que se suceden los distintos cultivos en el tiempo).

Además, también es una forma excelente de prevenir plagas y enfermedades, ya que algunas de estas plagas y enfermedades pueden hacerse especialmente fuertes en suelos donde siempre encuentran las mismas plantas. Por el contrario, al practicar la rotación de cultivos, estas plagas y enfermedades no tienen acceso al mismo alimento tan fácilmente, por lo que su impacto será menor (o incluso nulo en algunos casos).

## Consejos para la rotación de cultivos

Algunos consejos que se deben tener en cuenta a la hora de practicar la rotación de cultivos son los siguientes:

- Se recomienda planificar correctamente la rotación de cultivos. Para ello, lo más recomendable es dividir el huerto en diversas zonas y, con cada siembra, cada una de las zonas pasa a tener uno de los cultivos diferentes que se plantaron con anterioridad en alguna de las otras zonas.

- Si algunos cultivos se pueden asociar entre sí, se recomienda hacerlo al mismo tiempo que se practica la rotación de cultivos. Es decir, no son técnicas incompatibles sino complementarias entre sí.

- Conviene que, al menos una de las zonas en las que se divide el huerto se reserve para dejarlo en barbecho. Esta zona va rotando según pasan las siembras y las cosechas, igual que lo hacen el resto de espacios cultivados.

## Cómo elegir el orden de la rotación de cultivos

Aunque la rotación de cultivos siempre tiende a ser beneficiosa cuando se practica, se recomienda hacerlo de tal forma que haya un orden concreto en la sucesión de cultivos. De esta forma, se hace un uso mucho más eficiente del suelo y se asegura la sostenibilidad del huerto a largo plazo.

Como este no deja de ser un manual para principiantes, recomendamos hacerlo de una forma sencilla y fácil de recordar. Para ello, ofrecemos a continuación un ciclo de rotación de cultivos en seis fases.

La elección de las especies de plantas no es casual, sino que responde a las diferentes demandas nutricionales de cada una de ellas, que son diferentes a las del cultivo anterior. De esta forma, se asegura una rotación de cultivos lo más eficiente y sostenible posible.

> - **Primer cultivo**: Hortalizas de frutos, como por ejemplo el tomate o el pimiento.
>
> - **Segundo cultivo**: Hortalizas de raíz, como por ejemplo la zanahoria o el rábano,
>
> - **Tercer cultivo**: Hortalizas de bulbo, como por ejemplo el ajo o la cebolla.
>
> - **Cuarto cultivo**: Hortalizas de tubérculo, como por ejemplo la patata o el boniato.
>
> - **Quinto cultivo**: Leguminosas, como por ejemplo el garbanzo o las judías.
>
> - **Sexto cultivo**: Verduras u hortalizas de hoja, como por ejemplo, la lechuga o la espinaca.

Una vez que se completa el ciclo de los seis tipos de cultivos se vuelve a empezar por el primer cultivo, y así sucesivamente.

## Fatiga del suelo y barbecho

La rotación de cultivos está destinada a un objetivo muy concreto: evitar la fatiga del suelo.

La fatiga o cansancio del suelo es un término que hace referencia a un suelo que, como consecuencia de la acción agrícola, se ha empobrecido de nutrientes y ofrece malas condiciones para el correcto crecimiento de

*La práctica del barbecho permite que el suelo descanse de la actividad agrícola y que recupere gran parte de los nutrientes perdidos.*

los vegetales. La fatiga del suelo se hace más evidente cuando se practica el monocultivo y cuando este monocultivo se repite año tras año, por lo que la rotación de cultivos juega un papel clave en su prevención.

Además del uso de esta técnica, la fatiga del suelo también se combate mediante el uso de abonos, que aportan al suelo los nutrientes necesarios para que siga siendo fértil y cultivable.

Sin embargo, existe otra técnica que conviene no pasar por alto y que nos va a ayudar a mejorar la calidad de la tierra y combatir la fatiga del suelo: el barbecho.

El barbecho consiste, simplemente, en dejar el suelo en reposo. Es decir, dejar el suelo sin usar durante un tiempo concreto (lo más habitual es hacerlo durante al menos un año) con el objetivo de que, de forma natural, recupere los nutrientes que la acción agrícola se ha sustraído.

El barbecho se puede combinar perfectamente con otras técnicas como el abonado o la asociación y rotación de cultivos. Para ello, basta con dividir el terreno cultivable en los espacios en los que vamos a practicar la rotación de cultivos y, además, un espacio extra. Este espacio extra del suelo es el que se deja sin cultivar. O sea, en barbecho.

Este terreno permanece sin actividad agrícola durante una siembra y, después de la cosecha y a partir de la siguiente siembra, se reincorpora a la actividad agrícola del huerto. Como contrapartida, debemos reservar otro terreno para el barbecho, uno de los que sí se ha cultivado en la anterior cosecha, y así sucesivamente.

De esta forma, fomentamos el enriquecimiento del suelo de manera natural, lo que, en combinación con el abonado, la asociación y la rotación de los cultivos favorece buenas cosechas, ecológicas, respetuosas con el medio ambiente y sostenibles en el tiempo.

## Tabla de asociación de cultivos

Para terminar este capítulo, a continuación se incluye una tabla de asociación general de cultivos. Aunque en el capítulo dedicado al cultivo de cada tipo de planta profundizaremos en cada una de ellas, esta tabla es una guía rápida que nos ayudará a agilizar la tarea de saber qué cultivos se asocian mejor con otros.

| Tabla de asociación de cultivos | |
|---|---|
| **Cultivo principal** | **Asociaciones favorables** |
| Acelga | Zanahoria |
| Ajo | Puerro, cebolla, espinaca y fresa |
| Alcachofa | Judías de cualquier tipo |
| Apio | Lechuga, tomate, pepino y coles de cualquier tipo |
| Berenjena | Patata, pimiento, tomate y judía verde |
| Boniato | Pimiento y maíz |
| Brócoli | Cebolla y patata |
| Calabacín | Pepino, calabaza y judías y coles de cualquier tipo |
| Calabaza | Mejor plantarla sola |
| Canónigo | Cebolla, puerro y coles de cualquier tipo |
| Cardo | Judías de cualquier tipo |
| Cebolla | Zanahoria, patata, coliflor y pepino |
| Col china | Judía verde, espinaca y rábano |
| Col de Bruselas | Cebolla, nabo, guisante y judías de cualquier tipo |
| Col lombarda | Mejor plantarla sola |
| Coliflor | Cebolla, patata, espinacas y judías y coles de cualquier tipo |
| Endibia | Lechuga, acelga, zanahoria, guisante y coles de cualquier tipo |
| Escarola | Zanahoria, pepino, nabo, guisante, rábano y coles de cualquier tipo |
| Espinaca | Coliflor, brócoli, lechuga y judías de cualquier tipo |
| Espárrago | Ajo y cebolla |

| | |
|---|---|
| **Fresa** | **Ajo** |
| **Garbanzo** | **Brócoli** |
| **Girasol** | **Mejor plantarlo solo** |
| **Guindilla** | **Mejor plantarla sola** |
| **Guisante** | **Cualquier cultivo menos el ajo y la cebolla** |
| **Hinojo** | **Cualquier cultivo menos el tomate** |
| **Judía blanca** | **Alcachofa** |
| **Judía pinta** | **Pimiento, zanahoria, calabacín, pepino y coles de cualquier tipo** |
| **Judía verde** | **Pimiento, pepino, calabacín, zanahoria y coles de cualquier tipo** |
| **Lechuga** | **Se puede asociar con cualquier cultivo** |
| **Lenteja** | **Calabaza, calabacín, maíz, brócoli y patata** |
| **Maíz** | **Calabacín, pepino y judía verde** |
| **Melón** | **Cualquier cultivo menos las cucurbitáceas** |
| **Nabo** | **Tomate, zanahoria, lechuga y judía verde** |
| **Patata** | **Cualquier tipo de leguminosa** |
| **Pepino** | **Calabacín, cebolla, judía verde, rábano, espinaca y coles de cualquier tipo** |
| **Pimiento** | **Berenjena, judía pinta y judía verde** |
| **Puerro** | **Cebolla, ajo y fresa** |
| **Rábano** | **Acelga, espinaca, lechuga, zanahoria y judías y coles de cualquier tipo** |
| **Remolacha** | **Cebolla, lechuga y coles de cualquier tipo** |
| **Repollo** | **Ajo, cebolla, tomate, calabacín, pepino y leguminosas de cualquier tipo** |

| Sandía | Cualquier cultivo menos las cucurbitáceas |
|---|---|
| Tomate | Ajo, cebolla, puerro y zanahoria |
| Zanahoria | Cebolla, ajo, puerro y tomate |

## 22. Las fases del cultivo

El cultivo de cualquier tipo de planta es un proceso, algo que tiene un principio, un desarrollo y un final. El principio se corresponde con la siembra, el desarrollo con el propio crecimiento de la planta, y el final con la cosecha, que es el momento en el que recogeremos los frutos de nuestro trabajo.

En este capítulo vamos a ver algunos de los aspectos generales que hay que tener en cuenta en cada fase. Sin embargo, es importante recordar que cada especie de planta presenta sus propias características, por lo que también hay que tenerlo en consideración durante el proceso de cada cultivo.

### La siembra

La siembra es el momento en el que se plantan las semillas. Para ello, hay que preparar adecuadamente la tierra en donde las vamos a plantar, que puede ser tanto en semillero como directamente en el lugar definitivo donde crecerá la planta.

¿Qué es más recomendable? Depende de cada tipo de planta, ya que hay especies que se desarrollan mejor si son sembradas primero en semillero y después trasplantadas al lugar de crecimiento definitivo y otras que no toleran bien los trasplantes, por lo que es mejor sembrarlas directamente en el sustrato donde realizarán su ciclo de vida completo.

Para sembrar cada tipo de planta hay que tener en cuenta las épocas del año. No todas las plantas se pueden sembrar en la misma época. De este modo, hay cultivos de primavera, de verano, de otoño y de invierno.

*Algunas plantas se deben plantar primero en semillero y después trasplantarlas a su lugar definitivo. De esta forma se asegura que la planta prospere y crezca correctamente.*

Además, también hay que tener en cuenta que existen especies que se pueden plantar en cualquier momento del año independientemente de la temperatura (por ejemplo, el rábano).

Este hecho determina qué plantar en cada momento, por lo que es importante tenerlo en cuenta si queremos obtener el mejor resultado posible.

Cuando sembramos en semillero, debemos asegurarnos de que la tierra permanece húmeda durante todo el tiempo que la semilla tarda en germinar. Sin embargo, es importante no encharcar los semilleros, ya que podría favorecer que las semillas se pudrieran. Para evitarlo y controlar mejor la cantidad de agua con la que se riega, en esta fase del cultivo podemos optar por utilizar un pulverizador manual para humedecer los semilleros poco a poco y graduar correctamente la cantidad de agua que aportamos al sustrato.

Por el contrario, cuando la siembra la realizamos directamente en el sustrato o tierra definitiva, debemos regar abundantemente para asegurar que el suelo permanece húmedo hasta que se produce la germinación (de nuevo, siempre evitando cualquier encharcamiento de la tierra y garantizando un correcto drenaje del sustrato).

Además, antes de la siembra o el trasplante, tenemos que preparar el suelo. Es decir, llevar a cabo los trabajos de laboreo del suelo. Estos trabajos deben adaptarse a cada terreno (por ejemplo, no es lo mismo preparar un sustrato en el suelo que hacerlo en una maceta).

Algunos elementos que hay que tener en cuenta siempre son los siguientes:

- Limpiar el suelo de restos vegetales antiguos y piedras.

- Remover correctamente la tierra para favorecer una buena aireación del sustrato y evitar la compactación excesiva.

- Abonar el suelo utilizando un abono ecológico adecuado al cultivo que vamos a plantar.

Una vez que el suelo está debidamente preparado, se procede a realizar la siembra.

Tanto en el caso de los semilleros como en el caso del suelo se recomienda ser generoso con las semillas. Es decir, plantar al menos 3 o 4 semillas por cada unidad de planta que se quiera obtener. ¿Por qué? Porque así, cuando las semillas germinan, se puede seleccionar aquella que es más fuerte y que tiene más opciones de crecer y desarrollarse hasta la fase adulta. El resto se eliminan cuando se tiene claro cuál es la plántula que vamos a conservar.

## El trasplante

La segunda fase de los cultivos es el trasplante. Como es lógico, esta fase solo tendrá lugar en el caso de que la siembra se haya realizado en semillero, mientras que cuando las siembra se ha realizado en el lugar definitivo para el desarrollo de la planta se pasa directamente a la fase de crecimiento.

El trasplante se debe hacer con cuidado, ya que no deja de ser una acción que puede suponer un estrés importante para las plantas jóvenes y, si no se realiza de forma adecuada, puede llegar a comprometer su crecimiento.

El momento adecuado para realizar el trasplante depende de cada tipo de planta. No obstante, por lo general, se debe esperar a que la plántula haya desarrollado su tallo y, al menos, uno o dos pares de hojas. Es decir, a que la planta tenga un desarrollo suficiente como para ser considerada una planta y no solo una semilla que acaba de germinar.

Antes de retirar el cepellón de las plántulas de los semilleros, es recomendable regarlo, lo que ayuda a compactar la tierra y que esta salga con más facilidad. Esto también evita posibles daños en las raíces.

*El uso de semilleros biodegradables ayuda a reducir el estrés que pueden sufrir algunas plantas en el proceso de trasplante.*

Una vez que se tiene el cepellón separado del semillero, se debe colocar en un agujero realizado en el sustrato definitivo. Este agujero debe tener un tamaño acorde al propio cepellón. Es decir, que el cepellón quepa por completo en su interior y que quede perfectamente amoldado al resto del sustrato.

Además, para evitar posibles cámaras de aire alrededor del cepellón que se acaba de trasplantar, es recomendable aplastar la tierra de los lados del agujero antes de colocarlo definitivamente en su interior. A continuación se añade un poco de tierra para unificar el cepellón y el sustrato de los lados.

Finalmente, procedemos a realizar un primer riego generoso con el fin de que tanto la tierra del cepellón como el sustrato de alrededor queden perfectamente unidos y las raíces de la nueva planta puedan desarrollarse sin problemas. A partir de entonces adaptamos el riego a lo que demanda cada especie de planta en cuestión.

Por otro lado, hay que recordar que existen semilleros biodegradables. Este tipo de semilleros son recipientes similares a los semilleros tradicionales. Pero con la particularidad de que están fabricados con materiales biodegradables y que actúan como abono.

En este caso, el cepellón no se retira del semillero, sino que el trasplante se realiza en conjunto, depositando directamente el semillero en el agujero para que se degrade de forma natural por el efecto del agua y del crecimiento de la propia planta. Se trata de una opción que reduce el estrés de las plantas asociado al momento del trasplante. Por ello, es una buena solución si se quiere asegurar un buen resultado después de este proceso.

## El crecimiento

El crecimiento de la planta es la fase más larga del cultivo. En ella la planta se desarrolla hasta alcanzar el producto que queremos obtener del huerto (hojas, frutos, raíces, tubérculos, etc.). Cada especie tiene un desarrollo diferente, por lo que la fase de crecimiento es distinta según cada tipo de vegetal que plantamos.

En esta fase debemos cuidar las plantas: suministrar el riego que necesitan, abonarlas cuando sea necesario, vigilar la aparición de plagas o enfermedades, etc.

## La cosecha

La cosecha es la última fase del cultivo y, sin duda, la más satisfactoria de todas. Se trata del momento en el que recolectamos las hortalizas que

*La cosecha es la última fase que se realiza en el huerto urbano. Es una de las más satisfactorias porque es cuando recogemos los frutos de nuestro trabajo.*

vamos a utilizar para nuestra alimentación.

Esta recolecta puede variar según el tipo de planta y hortaliza. Hay plantas que se cosechan de forma completa (por ejemplo, los ajos, las cebollas o las zanahorias), mientras que otras se cosechan de forma continuada a medida que la planta produce aquellas partes que nos interesan para el consumo (por ejemplo, los tomates o los pimientos).

De esta forma, la cosecha se debe adaptar tanto a las características del crecimiento y desarrollo de cada planta como al tipo de producto que se obtiene del huerto.

## 23. El cultivo de cada tipo de planta

Hasta ahora, hemos visto información general sobre el huerto urbano y ecológico. Sin embargo, el cultivo de cada tipo de planta presenta sus propias características y particularidades. En este capítulo vamos a ver muchos de los cultivos que podemos plantar en nuestro huerto. Vamos a ver cómo hacerlo con cada tipo de planta y qué elementos concretos tenemos que tener en cuenta en cada caso.

Los cultivos que se explican a continuación no son, ni mucho menos, todos los que se pueden plantar en un huerto urbano y ecológico. No obstante, sí que se constituyen una parte suficientemente amplia como para que el agricultor principiante tenga un punto de partida.

Es importante tener en cuenta que los meses que se citan en este capítulo hacen referencia al hemisferio norte. En el caso de que el huerto en cuestión esté ubicado en el hemisferio sur habrá que sumar seis meses a cada uno. Es decir, si se habla de enero, en el hemisferio sur debe hacerse en el mes de julio. Si se habla de febrero, en el hemisferio sur debe hacerse en el mes de agosto. Y así sucesivamente.

Por último, con el fin de facilitar la localización de las distintas plantas dentro del propio capítulo, se ha optado por presentar los diferentes cultivos siguiendo el orden alfabético. De este modo, si por ejemplo queremos plantar zanahorias, podemos pasar las páginas directamente hasta llegar a la Z. Si por el contrario queremos plantar acelgas, basta con seguir leyendo más abajo.

## Acelga (*Beta vulgaris* var. *cicla*)

Su origen está en el mar Mediterráneo, se trata de una planta con hojas grandes y anchas. Existen diversas variedades, aunque todas requieren unos cuidados similares.

La acelga prefiere un suelo bien abonado, rico en humus y compost

*Las acelgas se caracterizan por sus hojas verdes y alargadas. Son muy ricas en vitaminas y minerales.*

que, preferiblemente, debe estar bastante descompuesto. De hecho, se recomienda añadir compost directamente en la superficie del suelo durante todo el tiempo en el que la planta da hojas. Aunque tolera la sombra, prefiere lugares soleados con luz directa. El riego debe ser regular, ya que necesita un suelo constantemente húmedo pero sin encharcar. Por ello, la mejor opción de riego es el riego por goteo.

En climas cálidos, la siembra se puede realizar en cualquier época del año. Aunque lo más recomendable es hacerlo en marzo, ya que no tolera bien el frío. La mejor forma de hacerlo es plantar las semillas primero en semillero y, cuando las plántulas tengan una altura aproximada de unos 5-10 cm, trasplantarlas al lugar definitivo. La recogida se realiza al mes de la siembra. Para ello, basta con cortar las hojas o pencas que sean más grandes y conservar las interiores, que siguen creciendo y ofreciendo nuevas cosechas a medida que se van desarrollando.

Al requerir humedad continua, los principales peligros a los que se enfrenta la acelga son las babosas y los caracoles, además de la podredumbre, que suele aparecer en las hojas. En el caso de las plántulas jóvenes, también pueden ser atacadas por los pájaros. Por este motivo, se recomienda colocar una red para protegerlas mientras crecen y son más pequeñas.

El cultivo de la acelga se puede asociar con casi cualquier hortaliza, aunque responde especialmente bien cuando se asocia con la zanahoria.

## Ajo (*Allium sativum*)

El ajo es una de las hortalizas más utilizadas en la cocina, ya que aporta mucho sabor a cualquier plato al que se añade. Se trata de una planta constituida por un bulbo blanco que forma gajos y hojas verdes que crecen verticalmente desde la tierra.

*El ajo se utiliza en multitud de platos de la cocina mediterránea. Además del sabor, también aporta gran cantidad de nutrientes saludables a los platos.*

El cultivo del ajo debe realizarse preferiblemente en invierno o principios de la primavera. La cosecha se realiza tres meses después de la siembra.

Para cultivar ajos se tiene que utilizar directamente un gajo de otro ajo. Se recomienda escoger un gajo grande, con aspecto sano y sin heridas o marcas en la piel. Este gajo se debe enterrar directamente en el sustrato. Es muy importante enterrarlo de forma vertical. Es decir, de la misma forma en que la planta se desarrolla. Para conseguir mejores resultados, la punta de la cabeza del gajo debe asomar ligeramente por fuera del sustrato cuando el gajo está seco, mientras que en el caso de gajos tiernos se recomienda enterrarlo por completo.

El ajo no es muy exigente con el sustrato, por lo que se puede plantar directamente en suelos no excesivamente abonados. Sin embargo, es muy exigente respecto al nivel de humedad, que debe ser escaso. Se debe regar solo cuando el suelo está completamente seco, evitando cualquier encharcamiento y, ante la duda, optando siempre por poca agua en lugar de mucha. De hecho, el principal enemigo del ajo son las enfermedades causadas por hongos que, a su vez, están propiciadas por un riego excesivo. En resumen, mejor quedarse corto de agua que pasarse.

Aunque el ajo no es demasiado exigente con la luz, es preferible ubicarlos en un lugar donde reciba sol directo. Respecto a la asociación de cultivos, cabe destacar que el ajo se asocia especialmente bien con los puerros, las cebollas, las espinacas y las fresas, ya que se protegen mutuamente. Sin embargo, no se recomienda asociarlos con judías y legumbres en general.

## Alcachofa (*Cynara scolymus*)

La alcachofa se presenta como una hortaliza con un gran tallo en torno al cual crecen grandes hojas y, en cuyo extremo, se desarrolla una inflorescencia, que es la parte que más habitualmente se destina al consumo (aunque el resto de partes de la planta también son comestibles y pueden usarse de distintos modos en la cocina).

El sustrato de la alcachofa debe ser arenoso y bien aireado. Además, esta hortaliza es muy exigente con el suelo, por lo que requiere un abonado generoso. De hecho, se recomienda aportar compost en superficie de manera periódica. Necesita mucha luz directa, pero también hay que tener en cuenta que prefiere los ambientes fríos. El riego debe ser

*La parte de la alcachofa que se consume es en realidad la flor de esta planta. La parte exterior es dura, pero la interior es suave y con sabor dulce.*

abundante pero evitando los encharcamientos, por lo que el sistema de riego por goteo es el más recomendable para esta planta.

La siembra se puede realizar en verano plantando la semilla en semillero y trasplantar al lugar definitivo una vez que la plántula haya alcanzado los 5-10 cm de altura aproximadamente. La recogida se puede hacer en otoño. Por lo general, cuatro meses después de la siembra.

Además, hay que tener en cuenta que la alcachofa es una planta bianual. Es decir, después de la recolección, se pueden limpiar el tallo y las hojas y dejarla para que, pasados dos años, vuelva a dar flores.

Sus principales enemigos son los caracoles y las babosas, así como las enfermedades causadas por hongos. Debido a esto, se recomienda colocar trampas para caracoles y babosas en el tallo de la planta, así como controlar cuidadosamente el riego. Hay que asegurarse de que la alcachofa obtenga el agua suficiente como para desarrollarse correctamente pero sin formar encharcamientos o excesos que favorezcan la aparición de enfermedades fúngicas. La alcachofa se asocia muy bien con las judías.

## Apio (*Apium graveolens*)

El apio tiene dos variedades, una verde y otra de un tono más claro, casi blanquecino. El apio requiere un suelo rico en abono, por lo que se recomienda añadir compost a la superficie del suelo de forma continuada durante su cultivo.

Necesita un riego regular. La tierra tiene que estar siempre húmeda. Aunque puede crecer bien en lugares con luz limitada, se desarrolla mejor si recibe muchas horas de luz directa.

Para sembrar apio lo más recomendable es plantar la semilla en semillero a principios de la primavera y trasplantarlo a su lugar definitivo cuando la plántula tiene una altura aproximada de 5-10 cm.

Las plantas de apio más jóvenes pueden atraer a algunas especies de pájaros, por lo que se recomienda colocar una red protectora hasta que la planta sea adulta. La cosecha se realiza aproximadamente un mes después desde el momento en el que se ha trasplantado al suelo definitivo.

Se recomienda realizar la rotación del apio en el huerto cada 2 o 3 años aproximadamente. Además, se trata de una hortaliza de hoja que se asocia muy bien con coles, lechugas, tomates y pepinos. Lo más aconsejable es cultivarlas de forma conjunta.

## Berenjena (*Solanum melongena*)

La berenjena es una hortaliza solanácea originaria de la India pero que está perfectamente adaptada al clima mediterráneo. Este cultivo requiere un suelo rico en nutrientes y cavado en profundidad. Por ello, el aporte de compost durante el crecimiento de la berenjena debe ser regular.

El riego debe ser continuado y abundante. Además, para crecer de manera óptima, la berenjena requiere de un nivel de humedad ambiental elevado. Por otro lado, como todas las solanáceas, también necesita mucha luz directa, por lo que debe estar plantada a pleno sol.

Lo más recomendable es que la siembra se realice en semilleros y que se trasplante a su lugar de crecimiento definitivo a finales de invierno o principios de primavera. Debido a que la berenjena requiere tierra de bastante profundidad, lo más aconsejable es cultivarla en bancales profundos, directamente en el suelo. Sobre todo, hay que evitar cultivarla en maceta. La recogida se realiza desde mediados del verano hasta finales del otoño.

Se trata de una planta fuerte que puede durar sin problemas de un año para otro. Para ello, es importante hacer una poda de las ramas y hojas muertas a finales de otoño, justo antes de que entre en estado vegetativo.

Sus principales enemigos son la araña roja, la mosca blanca y la falta de agua durante los meses calurosos, mientras que en los meses de frío los principales peligros los representan las babosas, los caracoles y enfermedades fúngicas como el mildiu.

*El cultivo de la berenjena es complicado para los agricultores principiantes. Un aspecto importante que hay que tener en cuenta es que necesita terrenos profundos, por lo que es mejor evitar plantarla en maceta.*

Debido a que la berenjena es un cultivo que demanda muchos nutrientes, se recomienda la rotación del cultivo al menos cada tres años. No se asocia correctamente con demasiadas hortalizas. No obstante, sí que se puede asociar con la patata, los pimientos, los tomates y las judías verdes.

El cultivo de la berenjena es exigente, por lo que puede ser complicado para el agricultor principiante. Si finalmente se opta por cultivar esta hortaliza, lo más aconsejable para asegurar su correcto desarrollo es aplicar un cuidado minucioso y muy pendiente de las condiciones ambientales que pueden afectar a la planta.

## Boniato (*Ipomoea batatas*)

El boniato o batata es un cultivo original de América tropical. Necesita suelos ligeros y bien cavados, ricos en abono y, preferiblemente, bastante descompuesto. Prefiere los climas cálidos. El riego debe ser espaciado, evitando el encharcamiento del sustrato. Sin embargo, es importante evitar que el suelo se seque por completo.

La siembra suele realizarse a finales de invierno o principios de primavera. La forma más recomendable de sembrar el boniato es enterrando trozo de un boniato con yemas previamente cortado para dividirlo. Primero se debe enterrar en una maceta, con abundante compost y tierra suficiente como para cubrir por completo el trozo del tubérculo. A partir de los meses de abril o mayo (cuando ya hace buen tiempo), se desentierra y se trasplanta al suelo definitivo. Hay que tener en cuenta que el boniato necesita bastante espacio para crecer correctamente, por lo que es importante espaciar lo suficiente cada trozo del tubérculo en el momento de trasplantarlo.

Su cultivo es bastante sencillo. Lo más importante que hay que tener en cuenta es retirar las malas hierbas que pueden crecer alrededor del boniato, ya que pueden quitarle los nutrientes.

La cosecha se realiza cuatro meses después del trasplante al suelo definitivo. Para ello, se debe arrancar la planta completa y desenterrar los tubérculos, que es la parte aprovechable en cocina. La rotación del boniato puede realizarse cada 3 o 4 años sin problema.

## Brócoli (*Brassica oleracea* var. *italica*)

El brócoli, o brécol, es una col de grandes hojas que cuenta con una inflorescencia de color verde intenso. Prefiere suelos neutros, pero es

*El consumo habitual de brócoli aporta gran cantidad de antioxidantes a nuestro organismo, por lo que es una hortaliza que no debe faltar en nuestro plato.*

indispensable que estén bien drenados, ya que no tolera el encharcamiento. Se desarrolla mejor en una estación templada, libre de temperaturas extremas.

No es muy exigente con el abono ni con la luz (es preferible plantarlo en un lugar donde reciba luz directa pero evitando las horas del mediodía).

El riego debe ser regular y frecuente, evitando que el suelo se encharque pero, al mismo tiempo, evitando que el sustrato se llegue a secar. En este sentido, se recomienda colocar una capa de acolchado sobre la tierra para garantizar la humedad del sustrato. La siembra se realiza en semillero y se trasplanta a bancal en primavera. Su recogida suele realizarse en otoño, aunque a veces se puede extender hasta el invierno.

Sus principales enemigos son las orugas y las moscas, así como los pájaros cuando la planta es más pequeña. Se asocia muy bien con cebollas y patatas. Se recomienda la rotación de cultivo cada tres años.

## Calabacín (*Cucurbita pepo*)

El calabacín es una planta rastrera, fácil de cultivar y que puede convertirse en trepadora si se le ponen tutores o guías. Necesita un suelo bien cavado, capaz de retener humedad pero que, al mismo tiempo, cuente con un drenaje suficiente como para evitar los encharcamientos.

Se recomienda abonar el suelo al principio, ya que el calabacín es bastante exigente en lo que respecta a la demanda de nutrientes. Necesita luz directa y calor. Además, prefiere los espacios protegidos, tanto del frío y las heladas como de la lluvia y el viento. Por todo esto, se trata de un cultivo que se adapta especialmente bien a los invernaderos.

El riego debe ser constante para asegurar la humedad del suelo. Sin embargo, se desaconseja mojar la planta, por lo que la mejor opción es decantarse por el riego por goteo. Para protegerlo de las malas hierbas y ayudar a retener la humedad del sustrato es muy recomendable colocar una capa de acolchado.

La siembra se realiza en semillero en marzo o abril, y se trasplanta a su lugar definitivo a principios de mayo. Debido a su condición de rastrera, necesita espacio para crecer. Por ello, las plantas del calabacín deben separarse al menos un metro entre sí. Además, se aconseja que los frutos no toquen el suelo, lo que se puede conseguir utilizando guías que eleven el fruto mientras que las ramas sí que están en contacto con el sustrato.

Sus principales enemigos son los caracoles y las babosas, además de hongos como el oídio, que suele aparecer cuando hay exceso de humedad (de ahí la importancia de no mojar la planta y regar directamente el sustrato).

Se debe realizar la rotación de cultivo después de cada cosecha y no volver a plantar calabacín hasta después de dos años. Se asocia bien con pepinos, judías, coles y calabazas.

## Calabaza (*Cucurbita maxima*)

La calabaza puede presentar frutos esféricos o alargados, y presenta un elevado número de variedades e híbridos con otras cucurbitáceas.

Se trata de una planta de vida anual, con tallos flexibles y hojas de gran tamaño. Prefiere los suelos ligeros, que pueden permanecer húmedos de forma constante pero que, a la vez, cuentan con un drenaje adecuado para evitar los encharcamientos.

Es una planta delicada respecto a las situaciones extremas: no tolera ni las sequías ni las heladas. El suelo debe abonarse sobre todo en el

*Existen muchas variedades de calabaza. Cada una de ellas tiene sus propias características respecto al tamaño, forma, color, textura, etc.*

momento de la siembra, aunque también se puede añadir compost superficial durante el proceso de crecimiento. Debe situarse en una zona soleada.

La siembra se debe realizar en semilleros o macetas en primavera y mantenerlos protegidos hasta el verano, cuando la calabaza se trasplanta a su lugar definitivo. Requiere bastante espacio para crecer, por lo que lo más recomendable es trasplantar directamente a un bancal en suelo. Hay que dejar al menos 1 o 2 metros de espacio libre alrededor para que la planta se desarrolle sin problemas. La recogida se realiza aproximadamente seis meses después.

Su principal enemigo son los caracoles y las babosas cuando la planta es joven. Se recomienda la rotación de cultivos al menos cada dos años aproximadamente. No se aconseja asociarla con otros cultivos ya que, debido al gran tamaño y espacio que necesita, resulta complicada la asociación con otras plantas.

## Canónigo (*Valerianella locusta*)

Se trata de una planta que se puede encontrar creciendo silvestre en las laderas de muchos campos. Resistente el frío y las heladas. Se presenta con hojas en ramillete que son más sabrosas cuanto más pequeñas y tiernas se recolectan.

El canónigo prefiere suelos apelmazados y con poco abono. Necesita poca luz, prefiere zonas sombreadas y donde se evite el sol directo. Necesita abundante agua.

La siembra se realiza directamente en el lugar definitivo. Se recomienda sembrar en hileras para facilitar después la retirada de las malas hierbas. Se trata de un cultivo sencillo tanto en verano como en invierno. La cosecha se realiza durante todo el año, aunque lo más común es hacerlo en los meses fríos.

Sus principales enemigos son los hongos debido a la elevada exigencia de humedad que tiene esta planta. Se asocia bien con todo tipo de coles, cebollas y puerros. Se recomienda la rotación del cultivo cada dos años.

## Cardo (*Cynara cardunculus*)

El cardo es una hortaliza de origen mediterráneo y emparentado con la alcachofa. El cardo se cultiva preferiblemente en suelos ligeros y con buen drenaje. Prefiere los abonos orgánicos. Entre todos, el que mejor efecto tiene es el estiércol maduro. El riego debe ser abundante, manteniendo el sustrato siempre húmedo pero sin encharcamientos.

La siembra se realiza con semillas directamente en el lugar definitivo, preferiblemente en primavera. Debe situarse en una zona bien soleada.

Sin embargo, a medida que crece, los tallos de las hojas se deben proteger de la luz solar para conseguir blanquearlos. Los tallos de las hojas del cardo son la parte comestible. Sin embargo, si les da la luz solar, se tornan verdosos y demasiado amargos. Para evitarlo, se debe colocar un tejido protector que permita aislar los tallos de la luz y deje al aire libre las hojas y la parte superior del tallo. De esta forma se consigue blanquear los tallos y evitar el exceso de amargor.

Se pueden utilizar distintas fórmulas para blanquear los tallos. La más habitual es protegerlos con un plástico negro que se puede reutilizar después de la cosecha. La cosecha se realiza aproximadamente cuatro meses después de la siembra.

El principal enemigo del cargo son los pulgones. La rotación de cultivo se realiza cada cuatro años, ya que el cardo es una planta bianual (un año florece y al siguiente no, y así sucesivamente). Por esto, al igual que sucede con las alcachofas, se recomienda plantarlos en un extremo o esquina del huerto. A la hora de asociarlo, la mejor opción sin duda son las judías.

## Cebolla (*Allium cepa*)

La cebolla es un tipo de hortaliza de bulbo que cuenta con numerosas variedades (como por ejemplo la cebolleta, que es una variedad muy tierna y que presenta un sabor algo más dulce).

Lo primero que va a necesitar la cebolla es un suelo ligero, bien aireado y alcalino. El abonado debe ser comedido. Se recomienda añadir compost a la tierra antes de la siembra. La cebolla necesita mucha luz directa, por lo que debe plantarse en una ubicación en la que reciba muchas horas de luz solar. Sin embargo, también es importante buscar un lugar protegido del viento, ya que le puede afectar bastante.

Respecto al riego, la cebolla necesita un suelo que esté continuamente húmedo pero que cuente con un buen drenaje. Sobre todo, se deben evitar los encharcamientos.

Además, hay que tener en cuenta que, en las últimas semanas de crecimiento, el riego debe ser muy escaso. De lo contrario, el bulbo puede pudrirse. En este sentido, el riego por goteo es el más recomendable, ya que, además de ser moderado, permite adecuar la cantidad a cada fase del crecimiento de la cebolla según sus necesidades.

La siembra se realiza en semillero. La siembra se puede realizar tanto a finales de verano como a finales de invierno (el crecimiento de la cebolla tiene lugar en las estaciones templadas: primavera y otoño). La cosecha se realiza pasados tres meses después de la siembra.

Unas semanas antes de la cosecha conviene doblar los tallos de las cebollas pero sin romperlos. De esta forma, se consigue que el bulbo

*Existen muchos tipos de cebolla. Según el uso que se le vaya a dar, se recomienda cultivar una variedad u otra.*

engorde más durante esas últimas semanas. Después de la cosecha, las cebollas deben dejarse secar al sol y al aire libre. De este modo, se secan las capas más superficiales y se asegura una buena conservación sin que se pudran.

Los principales enemigos de la cebolla son la mosca de la cebolla y el exceso de humedad en las últimas fases de crecimiento. Este exceso de humedad puede favorecer enfermedades causadas por hongos, tales como la podredumbre y el mildiu.

La rotación de cultivos se debe realizar cada 3 o 4 años. Se recomienda asociar las cebollas con las zanahorias, ya que ambas se protegen mutuamente. Pero también se puede asociar con otros cultivos. Como por ejemplo las patatas, la coliflor o los pepinos.

## Col china (*Brassica rapa* var. *pekinensis*)

Se trata de una col originaria de China cuyo cultivo, actualmente, se ha extendido mucho en las zonas de clima mediterráneo.

Necesita un suelo fértil y con buen drenaje. El abono debe realizarse tanto antes de la siembra como de forma continuada durante el crecimiento. La mejor opción para abonar después de la siembra es añadir compost de forma superficial al sustrato. Necesita abundante luz directa, así como estar protegida del viento para crecer y desarrollarse sin problemas. El riego debe ser continuado para mantener el sustrato siempre húmedo pero sin encharcamientos.

La siembra se debe realizar en primavera, preferiblemente en invernadero, donde está protegida tanto de los cambios bruscos de temperatura como de la acción de la lluvia y el viento. En caso de cultivarse directamente en el exterior, lo más aconsejable es realizar la siembra en verano.

Durante su cultivo es importante prestar especial atención al desherbado de malas hierbas que pueden crecer junto a la col china, ya que estas le quitarán cantidades importantes de nutrientes. La cosecha se realiza aproximadamente a los dos meses después de la siembra. Sus principales enemigos son las moscas y las orugas, sobre todo la oruga de la col.

## **Col de Bruselas (*Brassica oleracea* var. *gemmifera*)**

Se trata de una col que cuenta con un tallo alargado que tiene la característica de dar muchos repollos pequeños en forma de ramillete. Su origen es europeo, en concreto, de Bruselas, donde se obtuvo esta variedad hace apenas 200 años.

La col de Bruselas necesita un suelo fértil y bien abonado antes de la siembra (se puede prescindir de volver a abonar durante el período de crecimiento). La col de Bruselas se adapta bien a las distintas temperaturas y a la escasez de luz (no obstante, se desarrolla mejor en ubicaciones luminosas).

Se trata de un cultivo que requiere una abundante humedad ambiental. El riego debe ser frecuente, manteniendo el suelo húmedo de forma continua pero evitando los encharcamientos.

La siembra se debe realizar en semillero durante el invierno, y se procede a trasplantar a su lugar definitivo en primavera. Durante la fase de crecimiento se recomienda utilizar una guía o tutor para sujetar la planta.

La cosecha es muy amplia, se realiza tanto en otoño como en invierno. No obstante, hay que tener en cuenta que las coles se deben ir recolectando sucesivamente desde abajo hacia arriba. Es decir, cosechando primero las que han crecido antes y después las más tardías.

Sus principales enemigos son los pulgones, las cochinillas y algunos pájaros (como por ejemplo las palomas). La rotación de este cultivo se puede realizar cada cuatro años sin problemas. Se asocia muy bien con cebollas, nabos, guisantes y judías. Se debe evitar plantarla junto a fresas.

## Col lombarda (*Brassica oleracea* var. *capitata rubra*)

Conocida también como repollo rojo o col morada por su característico color violáceo. La lombarda es de origen mediterráneo, donde antiguamente crecía de forma silvestre hasta que fue domesticada.

Se adapta bien a la mayoría de suelos mientras que estos sean profundos (por lo que se desaconseja plantarla en maceta).

Necesita un aporte de abono constante, ya que absorbe multitud de nutrientes del suelo y termina por esquilmarlo. Prefiere un lugar soleado, aunque se adapta bien a espacios con escasez de luz. Necesita estar protegida del viento. El riego debe ser regular. Es preferible que el sustrato permanezca húmedo de forma constante. Sus principales enemigos son las orugas y los pulgones.

La siembra se puede hacer en semillero en otoño o invierno y, en primavera, trasplantar a suelo en el exterior. Si se quiere sembrar directamente en su lugar definitivo, es mejor esperar a primavera para hacerlo.

Se debe plantar con espacio suficiente como para que la lombarda pueda crecer correctamente. Lo más aconsejable es dejar un espacio de al menos 30 cm entre planta y planta. La cosecha suele hacerse a los cuatro meses desde el momento de la siembra. Aunque, según las zonas y las condiciones climáticas, este período puede reducirse hasta solo dos meses en algunos casos.

## Coliflor (*Brassica oleracea var. botrytis*)

La coliflor es una hortaliza con inflorescencias blancas en torno a las que crecen grandes hojas. Estas inflorescencias son las que se utilizan en cocina. El cultivo de la coliflor necesita suelos profundos, bien cavados y ligeramente alcalinos. Se debe abonar antes de la siembra y durante el período de crecimiento de la planta. Lo más adecuado es utilizar compost

*Aunque lo más habitual es consumirla hervida, la coliflor se puede cocinar de muchas otras maneras: al vapor, salteada, asada, a la parrilla, etc.*

muy descompuesto.

Es mejor que la luz que reciba sea intermedia. Es decir, evitando tanto el exceso de luz directa como el exceso de sombra. El riego debe ser abundante (el suelo nunca debe secarse). Una buena opción para el riego de la coliflor es el riego por goteo y, de vez en cuando, inundar el bancal usando una regadera.

Lo más aconsejable para la siembra es realizarla en invierno, en semilleros protegidos en invernadero. A principios de primavera se trasplanta a su lugar definitivo. La cosecha se realiza aproximadamente dos meses después. La cosecha se debe hacer con cuidado de cortar solo la inflorescencia de la coliflor.

Sus principales enemigos son las orugas y las moscas. La rotación de la coliflor es necesaria con mucha frecuencia, ya que se trata de un cultivo que agota el suelo con facilidad. Lo más aconsejable es que la rotación se realice de forma anual (o bianual como máximo). Se puede asociar bien con cebollas, patatas, judías, espinacas y otros tipos de col.

## Endibia (*Cichorium endivia* var. *latifolia*)

La endibia es una hortaliza cuya hoja nace justo en el extremo de su raíz. Pueden ser de diferentes variedades, teniendo colores verdes, amarillos y morados, según el caso. Es una hortaliza de invierno que necesita disponer de un suelo húmedo y con buen drenaje.

La endibia necesita abono para desarrollarse correctamente. Preferiblemente compost muy descompuesto. Se adapta bien a la mayoría de climas. No requiere demasiada mucha luz. Debido a que necesita mantener el suelo húmedo de forma constante, el riego debe ser regular y abundante, aunque evitando los encharcamientos.

A pesar de que se trata de una hortaliza típica de invierno, la siembra se puede realizar en cualquier época del año. Sin embargo, la mejor época será finales de verano y principios de otoño. La cosecha se realiza durante los meses de invierno o principios de primavera.

Sus principales enemigos son los caracoles y las babosas. Las rotaciones cuando se cultiva endibia no son demasiado importantes. Aun así, se aconseja realizar la rotación del cultivo cada 2 o 3 años aproximadamente. Se asocian muy bien con todo tipo de coles, lechugas, acelgas, zanahorias y guisantes.

## Escarola (*Cichorium endivia* var. *crispum*)

Se trata de una hortaliza de sabor amargo y muy característica por sus hojas de aspecto rizado.

El cultivo de la escarola requiere un suelo blando y permeable, un suelo de tipo franco y relativamente arcilloso. Es mejor que el suelo sea ligeramente ácido, lo que puede conseguirse añadiendo materia orgánica que, además, constituye el mejor abono para la escarola. Se puede optar por añadir pequeñas cantidades de estiércol descompuesto, pero es importante que el aporte sea pequeño, preferiblemente una pequeña cantidad cada 3 o 4 semanas. Si no tenemos estiércol también podemos usar compost.

La escarola se adapta bien a las bajas temperaturas. De hecho, incluso puede llegar a soportar pequeñas heladas. Sin embargo, si hace mucho frío, es recomendable instalar un acolchado de paja alrededor de la planta para protegerla de las temperaturas extremas.

La escarola se adapta sin problema a la escasez de luz. Su riego debe ser abundante, especialmente en las primeras fases de crecimiento. Sin embargo, es importante que el riego se concentre solo en el sustrato, ya que, si se mojan las hojas, se corre el riesgo de que aparezcan hongos. Por ejemplo, podredumbre. No obstante, la humedad ambiental favorece un buen desarrollo siempre que no se mojen directamente las hojas.

La siembra de la escarola se realiza en semilleros a comienzos de primavera. A finales de primavera o principios de verano se trasplanta al exterior a su lugar definitivo. Es importante dejar espacio entre una y otra cuando se trasplanta para, más adelante, facilitar la cosecha. La cosecha se puede hacer a partir de los 2-3 meses.

Los ejemplares más tardíos (aquellos que siguen creciendo en otoño) se pueden proteger del frío y del viento con un plástico traslúcido. En el caso de que se cultive en invierno, se recomienda colocar un acolchado de paja abundante alrededor.

Sus principales enemigos son los hongos como el mildiu y las plagas de babosas, caracoles y algunas variedades de gusanos.

## Espinaca (*Spinacia oleracea*)

La espinaca necesita un suelo que retenga la humedad, ya que su peor enemigo es la sequía. El sustrato se debe abonar con materia orgánica muy descompuesta antes de la siembra. No necesita mucha luz. De hecho, prefiere zonas sombreadas y climas frescos y húmedos.

El riego debe realizarse con regularidad, ya que necesita que el suelo esté constantemente húmedo. Sin embargo, hay que evitar los encharcamientos. En este sentido, lo mejor es regar poco pero todos los días.

*La espinaca es una opción perfecta para aquellos huertos urbanos que no tienen muchas horas de luz o que, incluso, no tienen sol directo.*

La siembra se realiza entre marzo y mayo directamente en su lugar definitivo. La recogida se hace aproximadamente a las seis semanas de la siembra. Aunque lo más recomendable es sembrar en primavera, al tolerar bien el frío, también se puede optar por plantarla en otoño y cosechar antes de que empiecen las heladas en invierno.

Las plagas y enfermedades más peligrosas para la espinaca son las babosas, los caracoles y los hongos como el mildiu. Se recomienda que las rotaciones de este cultivo se realicen aproximadamente cada tres años. Se asocia bien con judías, lechuga, coliflor y brócoli.

## Espárrago (*Asparagus officinalis*)

El espárrago es una hortaliza de origen mediterráneo. Necesita un suelo arenoso y bien trabajado. En este sentido, es esencial vigilar constantemente las malas hierbas que pueden crecer alrededor y retirarlas lo antes posible para garantizar que el espárrago se desarrolla

*Aunque el espárrago crece silvestre de forma natural, también se puede cultivar en el huerto urbano.*

correctamente.

Se debe añadir abono al sustrato en el momento de la siembra, preferiblemente abono orgánico. Por ejemplo, estiércol. El riego debe ser abundante pero, como en la mayoría de las hortalizas, evitando siempre que el suelo quede encharcado.

La siembra se realiza a partir de rizomas. De hecho, una vez plantados, la planta del espárrago puede llegar a crecer durante diez años seguidos sin ningún problema. Para ello, lo único que hay que hacer es cortar la planta a ras del suelo después del invierno. De esta forma, con la llegada del calor, vuelve a crecer por sí sola y a dar nuevos espárragos.

Los espárragos se recogen en el mes de mayo. Al hacerlo, hay que tener cuidado de no pisar el terreno, ya que se pueden romper con facilidad. Precisamente por esto, se recomienda plantarlos en hileras y con distancia suficiente unos de otros para facilitar la cosecha.

En el caso de los espárragos silvestres y de aquellos que se siembran sin protección contra la luz, se obtienen espárragos trigueros. Son muy característicos por su color verde. Por el contrario, si se quiere obtener espárragos blancos, es necesario proteger el espárrago de la luz durante todo el período de crecimiento (solo el espárrago, no la planta entera). Para ello, se puede añadir tierra y tapar el espárrago a medida que crece o, simplemente, protegerlo mediante un plástico oscuro reutilizable.

Los principales enemigos del espárrago son los caracoles, las babosas y el escarabajo del espárrago.

## Fresa (*Fragaria*)

Se pueden encontrar muchas variedades de fresa (*Fragaria x ananassa, Fragaria virginiana, Fragaria vesca*, etc.). La fresa es una planta perenne que

*Aunque crecen mejor en suelo, el cultivo de la fresa no necesita mucho espacio, por lo que se pueden cultivar en una maceta sin problema.*

brota cada año y que es mundialmente conocida por sus característicos frutos rojos.

Las fresas necesitan un suelo ácido y bien mullido para desarrollarse correctamente. Por ello, se recomienda aportar abundante abono en forma de compost. Otra de las necesidades más importantes de este cultivo es su alta demanda de luz. Las fresas deben cultivarse en un lugar donde la planta tenga acceso a muchas horas de luz. Sin embargo, a pesar de su necesidad de luz, se adaptan mejor a climas fríos que a climas excesivamente cálidos. No obstante, hay que remarcar que se trata de un cultivo bastante flexible, por lo que tiende a desarrollarse bien en casi cualquier clima.

La fresa tiene una demanda de agua muy elevada. Necesita un suelo permanentemente húmedo. En este sentido, se recomienda el uso del riego por goteo, ya que permite distribuir el agua de forma más eficiente justo a los pies de la planta y evitar el desperdicio.

La siembra se puede hacer mediante semillas o directamente con estolones de otra planta. La siembra se debe realizar en otoño, mientras que la cosecha de los frutos se realiza en primavera. Una vez que la planta ha crecido, se recomienda colocar plástico oscuro cubriendo la zona alrededor del suelo. De esta manera, se evita la proliferación de malas hierbas competidoras y también que los frutos toquen el suelo.

Se trata de una planta que tiende a agotar el suelo debido a su elevada demanda de nutrientes. Por ello, aunque es una planta que puede brotar cada año sin problema, se recomienda practicar la rotación de cultivos cada 2 o 3 años como mucho.

Las fresas se pueden asociar bien con otros cultivos como el ajo, pero se debe evitar asociarlos con las coles de cualquier tipo. Sus principales enemigos son los pulgones, los caracoles y las babosas.

## Garbanzo (*Cicer arietinum*)

El garbanzo es una legumbre de media altura y flores blancas. Estas flores blancas dan lugar a una vaina con 2 o 3 semillas (los garbanzos propiamente dicho). Estas vainas se tienen que dejar secar al sol para garantizar su correcta conservación.

La planta del garbanzo prefiere un suelo de tipo arcilloso y por donde pueda extenderse sin problema, ya que sus raíces se desarrollan en

*Las legumbres son una excelente fuente de proteínas de origen vegetal, y el garbanzo en concreto una de las que más cantidad aporta al organismo.*

profundidad en busca de nutrientes. Por ello, es mejor plantarla en suelo que en maceta. Una ventaja que presenta este cultivo es que no requiere de abono adicional ni antes ni después de la siembra. Se adapta bien a la mayoría de condiciones climáticas. El riego debe ser moderado. Es preferible que el suelo se seque antes de volver a regar.

La siembra se realiza en primavera, y la cosecha tiene lugar a finales del verano. La forma más adecuada de cosechar el garbanzo es cortar la planta entera cuando esta empieza a ponerse amarilla. Entonces, se debe dejar secar al sol. Una vez que está seca, se puede trillar para obtener las semillas, que son los garbanzos localizados en el interior de las vainas.

La rotación del garbanzo se debe realizar cada 2 o 3 años. Su principal enemigo suele ser el exceso de humedad, por lo que es importante controlar correctamente el riego para no ahogarlo.

## Girasol (*Helianthus annuus*)

El girasol es un cultivo de origen americano. El girasol, como su nombre indica, se caracteriza por la particularidad de mover su flor en

*El girasol se caracteriza por mover sus flores en la dirección en la que recibe más luz. Por eso cambian de posición a medida que avanza el día.*

dirección a la luz, lo que ya nos indica que se trata de un cultivo que va a necesitar muchas horas de sol directo.

Necesita un suelo arenoso o arcilloso, pero con abundante materia orgánica, preferiblemente compost muy descompuesto. Necesita estar ubicado en un lugar donde reciba luz solar directa y continuada, por lo que su cultivo debe ser obligatoriamente en exteriores bien iluminados, y preferiblemente en suelo. El riego debe ser abundante mientras que la semilla germina y crece. Sin embargo, una vez que la plántula empieza a desarrollarse, el riego debe pasar a ser moderado para evitar la pudrición de las raíces.

La siembra se realiza directamente en el lugar definitivo ya que no tolera los trasplantes. Suele realizarse en marzo o abril. La cosecha se realiza cuatro meses después de la siembra. Existen diversas variedades de girasoles y, según se vaya a utilizar para comer sus semillas (las pipas de girasol) o para elaborar aceite, es más conveniente escoger una u otra.

Sus principales enemigos son los pájaros, los gorgojos y, en menor medida, también algunos tipos de gusanos. El girasol es exigente con los nutrientes del suelo, por lo que se recomienda realizar su rotación al menos cada tres años. No se suele asociar con otras plantas. Lo más aconsejable es dejarlo aislado del resto de cultivos.

## Guindilla (*Capsicum frutescens*)

La guindilla es original de América y está emparentada con los tomates y los pimientos. También se trata de una solanácea. Se caracteriza por su sabor picante que hace que, en la mayoría de platos, figure como condimento o acompañamiento. Aunque también se pueden consumir ella sola, generalmente en conserva.

La guindilla necesita un suelo fértil pero con bajo nivel de nitrógeno. Necesita abundante abono, especialmente cuando se cultiva en soportes como macetas, ya que tiende a agotar los nutrientes del sustrato rápidamente. Lo más aconsejable es abonar de manera continuada con compost muy descompuesto.

El riego debe ser abundante. Necesita mucha luz. El momento más adecuado para su siembra es primavera. La cosecha se realiza a partir de los dos meses. El tiempo de la cosecha puede variar según si queremos recolectar las guindillas aún verdes, rojas, o directamente secas.

Sus principales enemigos son la mosca blanca, la araña roja y algunas enfermedades de tipo vírico. Su rotación se realiza cada 2 o 3 años aproximadamente.

Es muy importante no plantarlas junto a los pimientos. Esto se debe a que, si se polinizan conjuntamente, se pueden obtener variedades de pimiento particularmente picantes. Por ello, se recomienda decantarse por una especie u otra y, si finalmente se plantan pimientos y guindillas en un mismo huerto, ubicar las distintas especies alejadas entre sí.

## Guisante (*Pisum sativum*)

El guisante es una legumbre de época húmeda y de clima fresco. Necesita un suelo fértil y que sea neutro o alcalino. El abonado se debe realizar antes de sembrar, preferiblemente con compost muy descompuesto.

Es mejor que la luz que reciba sea moderada. De hecho, puede crecer sin problemas sin recibir luz directa. El riego debe ser regular y frecuente. El sustrato debe mantenerse siempre húmedo.

La siembra se puede realizar en invierno para realizar la cosecha en primavera, o a principios de la primavera para recogerla antes de que empiece el verano. La cosecha se realiza siempre a los dos meses de la siembra.

Debido a la forma de la planta es recomendable colocar guías o tutores para mantenerla erguida. Además, también es muy aconsejable, una vez que las semillas han germinado y alcanzado una altura de unos 5 cm, añadir acolchado al sustrato para evitar el crecimiento de malas hierbas y evitar la evaporación excesiva.

Sus principales enemigos son los pájaros, los caracoles, las babosas y los gusanos. Las rotaciones del guisante se deben hacer cada 3 o 4 años. Se trata de un cultivo que se asocia bien con casi cualquier hortaliza, con excepción de ajos y cebollas.

## Hinojo (*Foeniculum vulgare*)

Se trata de una planta que crece de forma silvestre por la costa mediterránea. Para cultivar hinojo el suelo debe ser mullido y bien cavado. El hinojo requiere abono durante todo el cultivo, tanto antes de la siembra como durante el período de crecimiento. El abono más recomendable es el compost o el mantillo.

Otra de las necesidades del hinojo va a ser la abundante luz. Necesita muchas horas de sol directo. Respecto al riego, este debe ser abundante y regular, manteniendo el suelo húmedo de manera constante.

La siembra debe hacerse primero en semillero durante la primavera. Se trasplanta a su lugar definitivo cuando la plántula ha alcanzado los 5-10 cm de altura. Su cosecha se realiza en otoño.

Una de las atenciones más importantes que requiere el hinojo es respecto a las malas hierbas. Es muy recomendable añadir acolchado alrededor del tallo cuando el hinojo ha alcanzado un tamaño mediano. Además, el acolchado ayuda al blanqueamiento del bulbo, que es la parte comestible del hinojo y de donde brotan directamente los tallos que se convierten en hojas.

Su principal enemigo son los pulgones. Las rotaciones se deben hacer cada 2 o 3 años. Se puede asociar sin problema con casi cualquier cultivo del huerto. La única excepción son los tomates.

## Judía blanca (*Vicia faba*)

La judía blanca, también llamada haba o faba, es una de las leguminosas más utilizadas desde la Antigüedad. Se pueden encontrar distintas variedades y, según el uso que le vamos a dar en la cocina, es más recomendable decantarse por una u otra.

La judía blanca necesita un suelo bien cavado, pesado, profundo y preferiblemente un poco ácido. Se recomienda abonar antes de la siembra. La mejor opción es el mantillo o el compost muy descompuesto.

Es preferible plantar la judía blanca en espacios donde no reciba demasiada luz directa. Se adapta perfectamente a espacios de sombra y semisombra, así como a temperaturas frías.

El riego debe ser constante y regular. Se debe mantener el suelo siempre húmedo pero sin encharcamientos. Las malas hierbas competidoras pueden ser un problema durante el crecimiento de la judía blanca, por lo que se recomienda colocar un acolchado suave alrededor. La mejor opción de acolchado para la judía blanca es la paja.

Se aconseja realizar la siembra a finales de invierno o principios de primavera. La siembra se realiza directamente en el lugar definitivo, haciendo un agujero en el suelo y depositando la judía blanca en su interior.

Se recomienda colocar entre 2 o 3 judías por agujero para garantizar la germinación. Los agujeros se deben espaciar al menos 20-30 cm entre sí para permitir que la planta crezca correctamente. Cuando alcanza cierta altura se deben poner guías o tutores para mantener la mata correctamente erguida. La cosecha se realiza a los dos meses de la siembra, justo a principios de verano.

Sus principales enemigos son las enfermedades causadas por hongos (normalmente consecuencia de un exceso de humedad) y los pulgones. Las rotaciones se deben realizar cada 2 o 3 años aproximadamente. Las judías blancas se asocian bien con las alcachofas. Pero se debe evitar plantarlas junto a otras legumbres, ajos, cebollas y puerros.

## Judía pinta (*Phaseolus coccineus*)

La judía pinta se caracteriza por su color oscuro, rojizo o moteado. Presenta diversas variedades y tiene un origen tropical.

La judía pinta necesita un suelo profundo, ya que extiende mucho sus raíces. Por ello, se recomienda plantarla siempre en suelo y no en maceta. Necesita un suelo rico en nutrientes. Se aconseja abonar el suelo antes de la siembra con compost bastante descompuesto. Así mismo, también se recomienda añadir compost en la superficie del suelo de manera regular durante el período de crecimiento.

La judía pinta necesita abundante luz y calor, aunque no excesivo. Le puede llegar a afectar bastante el viento, por lo que es importante ubicarla en un lugar donde esté protegida. El riego debe ser abundante y regular. El suelo debe permanecer siempre húmedo.

La siembra se realiza a principios o mediados de la primavera. Durante la fase de crecimiento se deben colocar tutores o guías para enderezar la planta. La cosecha se realiza aproximadamente a mediados del verano. Después de recoger las vainas se debe regar el suelo. Si se quiere obtener judías pintas secas, estas se deben dejar secar en la propia planta y luego retirarlas.

Sus principales enemigos son los escarabajos, los pulgones, la araña roja y la mosca blanca. La rotación se debe realizar cada 3 o 4 años. Se puede asociar con las coles, el pimiento, la zanahoria, el calabacín y el pepino. Se debe evitar plantarla junto al puerro, la cebolla, el ajo y el hinojo.

## Judía verde (*Phaseolus vulgaris*)

Se trata de una de las leguminosas más conocidas. Tiene su origen en América del Sur. Presenta dos variedades: mata alta y mata baja. La mata alta es trepadora y suele contar con vainas aplanadas. La mata baja se desarrolla de forma más compacta y cuenta con vainas redondeadas.

El suelo que necesita la judía verde debe ser profundo y bien cavado. Debe ser ligero para que cuente con un buen drenaje, y ligeramente ácido. Además, aunque no es imprescindible, se recomienda abonar el suelo antes de la siembra con mantillo o compost.

La judía verde necesita una ubicación en donde reciba sol directo. Necesita calor, tanto ambiental como a nivel de suelo. Sin embargo, también requiere un riego continuado y abundante. El suelo no debe encharcarse pero debe permanecer siempre húmedo (de ahí la especial importancia del buen drenaje en este cultivo). La mejor opción es un riego diario y adecuado a las condiciones ambientales de cada jornada.

La siembra se realiza a finales de primavera y principios de verano. Es importante dejar espacio suficiente entre cada mata de judías verdes para que puedan desarrollarse sin problema. Por ello, lo más recomendable es plantarlas directamente en bancales o en surcos.

Se aconseja plantar tres semillas por agujero y, cuando germinan, seleccionar la que parezca más sana y fuerte. Las dos restantes se deben cortar y no arrancar. Si se arrancan se corre el riesgo de afectar a la plántula que sí queremos conservar.

En el caso de cultivar judía verde de mata alta, es necesario utilizar tutores o guías para mantener erguida la mata. La cosecha se realiza a mediados de verano, cuando las vainas están todavía tiernas para que se puedan consumir en su totalidad y no solo la semilla.

Este cultivo requiere prestarle especial atención al desherbado, que se puede hacer directamente de forma manual. Sus principales enemigos son los escarabajos, los pulgones, la araña roja y la mosca blanca.

Se recomienda hacer las rotaciones de este cultivo cada tres años. La judía verde se asocia sin problemas con el pimiento, el pepino, el calabacín, la zanahoria y todo tipo de coles. Sin embargo, se debe evitar plantarla junto a cebollas, puerros, ajos e hinojos.

## Lechuga (*Lactuca sativa*)

La lechuga es una de las hortalizas más resistentes que podemos encontrar en la huerta. Para su cultivo es recomendable contar con un suelo ligeramente ácido, que conserve la humedad pero que cuente con un buen drenaje para evitar los encharcamientos. Se recomienda abonar el suelo antes de la siembra con mantillo. Durante el crecimiento se puede añadir mantillo o compost muy descompuesto de manera superficial.

La lechuga necesita calor. Además, es recomendable ubicarla en un lugar donde esté protegida del viento y de las heladas. Aunque la lechuga prefiere los espacios con abundante luz, se adapta bien a zonas de semisombra.

El riego debe ser abundante y continuado. No obstante, se debe evitar encharcar la tierra. La mejor opción es el riego diario, preferiblemente mediante riego por goteo ubicado directamente junto al tallo de la planta.

La siembra se realiza preferiblemente a inicios de primavera, aunque puede alargarse hasta finales del verano. Se aconseja plantarla primero en

*La lechuga es una de las verduras más fáciles de cultivar. Se adapta bien a multitud de condiciones, por lo que es una buena opción para el agricultor neófito.*

semillero y después trasplantar al suelo cuando la plántula haya alcanzado los 5-10 cm de altura aproximadamente.

La cosecha se realiza cuando la lechuga está lista para consumir, lo que suele llevar entre 4 y 6 semanas aproximadamente. Esto dependerá, en gran medida, del clima y de la época del año en la que la plantemos. Si queremos disponer de lechugas de forma continuada, una buena opción es sembrarlas cada dos semanas para ir escalonando también las cosechas.

Se trata de un cultivo sencillo y fácil para los principiantes. Es importante mantener al margen las malas hierbas, por lo que se aconseja colocar una capa de acolchado alrededor de la lechuga. Sus principales enemigos son los caracoles, babosas, pulgones y algunos tipos de hongos.

La lechuga no necesita rotación de cultivos. Además, se puede asociar sin problema con la mayoría de hortalizas del huerto.

## Lenteja (*Lens culinaris*)

La lenteja es una legumbre que necesita un suelo ligero, preferiblemente arenoso y con muy buen drenaje. La planta de la lenteja tiene unas raíces muy sensibles al exceso de humedad, por lo que se pudren con facilidad cuando el suelo permanece encharcado durante mucho tiempo. Aunque no es necesario, se puede abonar el suelo antes de la siembra. En este caso, se puede utilizar compost poco descompuesto o mantillo bastante grueso, así como abono verde incorporado directamente al sustrato.

El riego debe ser moderado. De hecho, se adapta bien a situaciones de sequía. Lo más aconsejable es no volver a regar hasta que la superficie del sustrato esté completamente seca.

La siembra se realiza en otoño. La siembra debe realizarse en un suelo húmedo. El suelo debe permanecer húmedo hasta que la lenteja germina. Después se reduce el riego con el objetivo de evitar la pudrición de las raíces.

Para poder desarrollarse en condiciones óptimas, la lenteja prefiere una ubicación de sombra o semisombra. Se adapta bien al frío, aunque es preferible protegerla de las heladas y del viento.

La cosecha se realiza en verano. Para ello se deja secar la planta y después se procede a la recolecta (es mejor recolectar la vaina cuando ha empezado a secarse pero todavía no está completamente seca).

Es importante practicar el desherbado para evitar que las malas hierbas compitan por los nutrientes del suelo. Sus principales enemigos son los caracoles, las babosas, los pulgones, los gorgojos y las enfermedades causadas por hongos (especialmente si hay exceso de humedad en el sustrato).

La rotación de cultivos se realiza cada 2 o 3 años aproximadamente. La lenteja se asocia bien con la calabaza, el calabacín, el maíz, el brócoli y la patata. Se debe evitar plantarla junto a la cebolla, el puerro y el ajo.

## Maíz (*Zea mays*)

El maíz es un cereal procedente de Sudamérica y, hoy en día, existen multitud de variedades. Según el uso que se le va a dar es más aconsejable escoger una variedad u otra.

El maíz necesita un suelo ácido y bien drenado. Puede crecer sin problema en suelos que no han sido abonados. No obstante, si se abona antes de la siembra la cosecha será más generosa. Se puede optar por añadir compost al sustrato durante la preparación del terreno.

Necesita mucho sol y calor. El cultivo debe ubicarse en un lugar donde el maíz reciba la mayor cantidad de horas de luz directa posible. El riego debe ser constante y abundante. Es muy importante mantener el suelo húmedo pero sin encharcamientos. El buen drenaje juega un papel fundamental en la buena evolución de este cultivo.

La siembra se realiza a finales de primavera. El maíz requiere espacio para crecer y desarrollarse correctamente, por lo que se recomienda separar las plantas al menos 20-30 cm entre sí.

*El maíz procede de América, pero hoy en día es uno de los cereales más consumidos en todo el mundo junto con el trigo y el arroz.*

Después de la polinización de las flores, es mejor retirar las flores masculinas de la planta. Esto ayuda a que los granos de la mazorca sean más grandes.

La recogida se realiza en septiembre. Si se va a destinar a consumo humano es preferible cosechar el maíz cuando todavía está tierno. Si se va a utilizar para alimentar a ganado se puede cosechar sin problema cuando está más maduro.

Sus principales enemigos son los caracoles, las babosas, los pájaros y algunos pequeños roedores. El maíz es un cultivo que agota el suelo, por lo que se recomienda realizar la rotación del cultivo de forma anual. Además, es mejor esperar a que pasen 3 o 4 años antes de volver a cultivar maíz en el mismo suelo. Se asocia bien con calabacines, pepinos y judías verdes.

## Melón (*Cucumis melo*)

Existen distintas variedades, aunque todas presentan las mismas condiciones de cultivo. El melón requiere un suelo ligeramente ácido y bien drenado. Necesita abundante abono. La mejor opción es decantarse por estiércol maduro que se debe añadir a la tierra antes de la siembra y de manera escalonada a medida que el melón crece. También necesita mucha luz y calor. Sin muchas horas de sol directo y temperaturas cálidas la planta no da fruto.

El riego debe ser frecuente, pero no necesita que sea cuantioso. En general, el melón requiere un riego medio durante todo su proceso de desarrollo con excepción del momento de la floración, cuando la planta sí que demanda mayor cantidad de agua. Dado que no se recomienda que ni la planta ni las flores se mojen, la mejor opción de riego para este cultivo es el riego por goteo.

La siembra se debe realizar en primavera. Primero en semilleros y, cuando las plántulas hayan alcanzado los 5-10 cm, las trasplantamos a suelo. El viento afecta bastante a este cultivo. Es mejor buscar una ubicación que combine protección frente al viento y abundante luz al mismo tiempo.

El cultivo del melón es sencillo. No obstante, se recomienda que la polinización se realice de forma manual, ya que es la mejor garantía para obtener buenos frutos. Para ello basta con transportar el polen de la flor masculina a la flor femenina, lo que puede hacerse con ayuda de un bastón de algodón o un pincel de pequeñas dimensiones.

El melón es una planta rastrera, pero si queremos obtener los mejores resultados es recomendable mejorar en la medida de lo posible la aireación entre el suelo y la propia planta. Para ello podemos cavar la tierra (con cuidado de no dañar las raíces) y utilizar tutores o guías para elevar ligeramente algunas ramas.

La cosecha se realiza a mediados del verano, cuando los frutos aumentan su tamaño y empiezan a cambiar de color a tonos más maduros.

Sus principales enemigos son los pulgones y las enfermedades producidas por hongos. Por ejemplo el mildiu. Por ello, es muy importante controlar correctamente el riego y el drenaje del suelo.

La rotación de este cultivo se debe hacer de manera anual. Además, no se recomienda volver a plantar melón en el mismo terreno hasta pasados cuatro años. Se puede asociar con la mayoría de plantas del huerto con la única excepción de otros tipos de cucurbitáceas.

## Nabo (*Brassica napus*)

El nabo se utiliza principalmente en cocidos y para dar sabor en platos de cuchara, pero también se puede usar en ensaladas y otros platos similares cuando aún está tierno. Presenta gran diversas variedades, cada una de ellas con su propio tamaño, color o sabor. Es un cultivo rápido y fácil, perfecto para agricultores principiantes.

Necesita un suelo ligeramente ácido, ligero y debe permanecer constantemente húmedo. No necesita abono, aunque se puede añadir un poco de compost para mejorar su crecimiento. Lo más importante en el cultivo del nabo va a ser la luz. El nabo necesita luz directa y abundante. De lo contrario, no se desarrolla.

El riego debe ser regular pero sin excesos. Es importante que la tierra permanezca siempre húmeda. Pero no debe encharcarse. Por ello, la mejor opción es el riego por goteo.

La siembra del nabo se puede realizar tanto en primavera como en verano. La cosecha se realiza a las seis semanas de la siembra.

Sus principales enemigos son los escarabajos y las enfermedades causadas por hongos. La rotación del cultivo se debe realizar cada cuatro años aproximadamente. Se asocia bien con muchos cultivos, aunque los más recomendables son el tomate, la zanahoria, la lechuga y la judía verde.

## Patata (*Solanum tuberosum*)

La patata tiene su origen en América, concretamente en Perú, y es una de las hortalizas más consumidas en todo el mundo. Se pueden encontrar muchas variedades y, según el uso que le vamos a dar, conviene escoger un tipo u otro.

La patata necesita un suelo ligeramente ácido y bien cavado. Se recomienda abonar antes de la siembra con compost o mantillo. Otra opción es la ceniza de leña, que aporta a la patata abundante potasio, muy necesario para su correcto crecimiento.

Se adapta bien a todos los climas. No es muy exigente respecto a la luz. Se puede ubicar tanto en zonas de luz directa como de sombra o semisombra. El riego debe ser regular, sin necesidad de que sea

*La patata es una de las hortalizas más consumidas en todo el mundo. Existen muchas variedades. Algunas son mejores para freír, otras para cocer, otras para usar de guarnición en los platos, etc.*

especialmente abundante. Es preferible regar poco pero de forma regular que encharcar la tierra. En general, la patata tolera sin problemas los riegos espaciados.

La siembra debe realizarse en primavera, para lo que se utilizan patatas de siembra. Estas son simplemente patatas que se dejan al sol hasta que empiezan a tener pequeños brotes. Después se plantan directamente en la tierra.

A medida que los tubérculos crecen se deben ir tapando con tierra para evitar que les dé la luz directa y se pongan verdes. Dependiendo de la variedad que se cultiva, la cosecha se realiza entre mediados de verano y finales de otoño.

Sus principales enemigos son los gusanos y, sobre todo, el escarabajo de la patata. Se recomienda realizar la rotación de este cultivo cada 3 o 4 años. La patata se asocia bien con todo tipo de leguminosas. Pero se debe evitar plantarla junto a tomates y pimientos.

## Pepino (*Cucumis sativus*)

El pepino necesita un suelo con muy buen drenaje, ya que no tolera los encharcamientos ni el exceso de humedad. Sin embargo, al mismo tiempo necesita un suelo que sea capaz de retener la cantidad de humedad justa como para no secarse.

Es importante cavar bien el suelo antes de la siembra. Ante la duda, un sustrato con base de sustrato universal mezclado con arena puede ser una buena opción. La proporción correcta debe ser 2/3 de sustrato universal y 1/3 de arena.

Este cultivo necesita calor y mucha luz, por lo que debe plantarse a pleno sol. El riego debe ser regular durante el crecimiento de la planta, pero abundante a partir del momento en el que aparecen las flores y los frutos.

Es muy importante encontrar un equilibrio correcto para evitar tanto los excesos como la falta de agua. En este sentido, la mejor opción es decantarse por el riego por goteo, colocando el gotero junto a la base de la planta, lo que permite que reciba agua suficiente pero, al mismo tiempo, que la parte excedente drene con facilidad. Otra buena forma de asegurar que el suelo retiene la cantidad de agua necesaria es colocar un acolchado alrededor del suelo de la planta.

*El pepino aporta gran cantidad de agua y vitaminas, especialmente vitamina C. Se puede consumir solo (con un poco de sal) o en ensaladas.*

La siembra se realiza a principios del verano. El pepino se puede plantar en semillero o directamente en el lugar definitivo. En el caso de plantar en semillero, la siembra se realiza en primavera y se trasplanta a principios del verano. Durante el crecimiento del pepino se deben eliminar las malas hierbas que pueden crecer a su alrededor (de nuevo, colocar un acolchado puede ayudarnos a evitar este problema).

También es importante colocar un tutor o guías que permitan que la planta se mantenga erguida. Esto es especialmente importante cuando empiezan a aparecer los primeros frutos, ya que si los pepinos tocan el suelo es muy probable que el fruto quede inservible para el consumo.

La cosecha se debe realizar a finales del verano, un poco antes de que los frutos maduren del todo, ya que si se dejan demasiado tiempo en la planta aparecen semillas en su interior que dificultan su consumo.

Sus principales enemigos son la araña roja, los pulgones y las enfermedades causadas por hongos. Especialmente el oídio, que se reconoce enseguida por las manchas blancas que aparecen en las hojas.

La rotación de este cultivo se realiza cada 3 o 4 años. El pepino se asocia bien con todo tipo de coles, con el calabacín, la cebolla, la judía verde, el rábano y la espinaca. Sin embargo se debe evitar plantarla junto al tomate.

## Pimiento (*Capsicum annuum*)

El pimiento es originario de América. Requiere un suelo bien cavado y con buen drenaje. Necesita abono tanto antes de la siembra como durante el crecimiento del cultivo. En ambos casos, la mejor opción es el compost, que puede ser grueso o descompuesto. Otra opción de abono recomendable para mezclar con el sustrato antes de la siembra es el abono verde.

Necesita calor y mucha luz. El pimiento debe plantarse en un lugar resguardado del viento pero donde reciba muchas horas de luz directa. El riego debe ser regular y generoso. Es preferible que el suelo esté constantemente húmedo, aunque se trata de un cultivo que se recupera bien de las pequeñas sequías.

La siembra se hace en primavera. Se puede sembrar en semilleros o directamente en el lugar definitivo. Para desarrollarse plenamente y dar fruto, el pimiento necesita suelos profundos, por lo que la mejor opción para su lugar definitivo son los bancales o los surcos directamente en el suelo. La cosecha se realiza en verano, pasados dos meses desde el momento de la siembra.

Existen muchas variedades de pimientos. No obstante, hay que tener en cuenta que la diferencia entre los pimientos verdes y rojos consiste en la cantidad de luz que han recibido. Al crecer el fruto, el pimiento es verde. Sin embargo, a medida que madura y recibe más luz, empieza a tomar tonos rojizos. Si queremos pimientos verdes debemos cosecharlos antes de que empiecen a enrojecerse. Mientras que si queremos pimientos rojos debemos dejarlos más tiempo en la planta, lo suficiente para que tomen el color rojizo tan característico de esta hortaliza.

Sus principales enemigos son los pulgones, la araña roja, la mosca blanca y algunos tipos de enfermedades causadas por hongos. La rotación de este cultivo se debe hacer cada 3 o 4 años aproximadamente. El pimiento se asocia bien con berenjenas y pimientos.

Hay que tener cuidado de plantar juntas variedades picantes y no picantes de pimientos. Al polinizar las flores, las variedades picantes tienden a ser dominantes. Es decir, si plantamos juntos pimientos picantes y no picantes, lo más probable es obtener una cosecha solo de pimientos picantes. Por ello, lo más recomendable es optar por una variedad u otra. Si aún así se plantan variedades picantes y no picantes a la vez y en el mismo huerto, lo más aconsejable es ubicarlos lo más lejos posible entre sí.

## Puerro (*Allium porrum*)

El puerro es una hortaliza fácil de cultivar, por lo que puede ser una buena elección para los principiantes. A pesar de su facilidad, hay que tener en cuenta que es una hortaliza de crecimiento lento, por lo que requiere paciencia.

Este cultivo necesita un suelo neutro, ni ácido ni alcalino. Además,

*Los puerros se pueden usar crudos o cocidos. Crudos y picados muy finos se pueden añadir en ensaladas. Cuando están hervidos, suelen utilizarse en la elaboración de guisos, cremas y salsas.*

dado que necesita profundidad para crecer bien, se recomienda plantarlo siempre en suelo y no en maceta. Antes de la siembra se debe cavar bien el terreno para airearlo y abonar. La mejor opción de abono para el puerro es el compost. Se puede mezclar el compost con la tierra antes de la siembra y, durante el crecimiento, se recomienda añadir de forma regular capas generosas en la superficie.

Aunque crece sin problemas en espacios sombreados, la mejor opción es un lugar bien soleado donde reciba muchas horas de luz directa. El riego debe ser moderado. Al principio de la siembra puede ser más abundante pero, en cuanto empieza a desarrollarse, se debe espaciar. Entonces, se recomienda dejar que la superficie del suelo se seque ligeramente antes de volver a regarlo.

La mejor época para la siembra del puerro son los meses de febrero y marzo. Sin embargo, se trata de una hortaliza que se puede sembrar en cualquier época del año. La cosecha se obtiene a los cinco meses después de haber hecho la siembra. Durante el crecimiento del puerro es importante ir cubriendo la parte de la base del tallo con sustrato a medida que se desarrolla. De esta forma lo protegemos de la luz directa, lo que asegura que el tallo permanece blanco y que sea más tierno y jugoso.

Sus principales enemigos son los gusanos, las moscas y algunos hongos como la podredumbre. La rotación del puerro se puede realizar cada 4 o 5 años sin ningún problema.

Se recomienda asociarlo con zanahorias, ya que ambos cultivos se defienden mutuamente cuando están juntos. También se puede asociar con el ajo y la fresa. Pero se debe evitar plantarlo junto a judías y coles de todo tipo.

## Rábano (*Raphanus sativus*)

El rábano es probablemente la hortaliza más fácil de plantar en cualquier huerto, por lo que es una opción segura para cualquier persona que se inicie en la agricultura ecológica. Se trata de un cultivo sencillo y muy agradecido que seguro que da una buena cosecha. Se pueden encontrar muchas variedades.

El suelo no necesita estar especialmente abonado. No obstante, si se abona antes de la siembra, se obtienen mejores resultados. El rábano crece bien en prácticamente cualquier tipo de suelo o sustrato. Debe ubicarse en un sitio donde reciba luz directa, cuanta más mejor. Sin embargo, también puede desarrollarse en espacios de semisombra sin problema. El rábano soporta bastante bien las bajas temperaturas.

El riego debe ser regular. Lo ideal es que la tierra nunca llegue a secarse. La mejor opción es optar por un riego por goteo para asegurar la cantidad adecuada de humedad y, al mismo tiempo, hacer un uso responsable del agua.

La siembra se puede realizar en cualquier momento del año. Si se siembra en suelo lo más habitual es hacerlo a voleo, mientras que si se cultiva en maceta se recomienda adaptar la siembra al espacio disponible. La cosecha se realiza al mes aproximadamente, cuando la raíz empieza a salir de la tierra.

No tiene enemigos especialmente destacables. Además, debido a su poca exigencia respecto a los nutrientes, no es necesario realizar rotaciones de manera periódica. El rábano se asocia bien con la mayoría de

*El rábano se puede plantar todo el año y en casi cualquier condición. Por eso es la mejor opción para empezar en la agricultura ecológica si se es principiante.*

hortalizas, aunque cabe destacar la acelga, la espinaca, la lechuga, la zanahoria, y las judías y coles de todo tipo.

## Remolacha (*Beta vulgaris*)

La remolacha se caracteriza por su color rojo intenso. Necesita un suelo templado y, lo más importante de todo, que cuente con un buen drenaje, ya que no lleva bien los encharcamientos.

Antes de sembrar se recomienda añadir compost muy descompuesto a la tierra y mezclarlo bien con el sustrato. La remolacha no necesita ser abonada durante la fase de crecimiento. El riego debe ser regular y en una cantidad media. La remolacha necesita un riego regular, que mantenga el suelo húmedo pero evitando los excesos.

La siembra debe hacerse entre primavera y mediados de verano. Se puede plantar directamente en su lugar definitivo o en semillero. En el caso de plantarla en semillero, lo más recomendable será hacerlo a finales de invierno y, cuando la plántula haya alcanzado una altura aproximada de unos 5-10 cm se trasplanta a su lugar definitivo.

Hay que eliminar las malas hierbas que crecen alrededor para que la remolacha se desarrolle perfectamente. La cosecha se realiza en otoño.

Sus principales enemigos son los pulgones y, sobre todo, las enfermedades causadas por hongos. Estas suelen aparecer como consecuencia de un mal drenaje o de un exceso de riego, por lo que es importante prestar especial atención a la humedad, tanto ambiental como en el sustrato.

La rotación de este cultivo se debe realizar cada cuatro años. Se puede asociar con muchos tipos de hortalizas. Las más recomendables son la cebolla, la lechuga y cualquier tipo de col.

## Repollo (*Brassica oleracea* var. *capitata alba*)

El repollo necesita un suelo básico pero bien cavado. Como todas las coles, necesita una cantidad considerable de abono. Se recomienda añadir compost durante la preparación de la tierra y añadir más compost de forma superficial durante el crecimiento del cultivo.

Respecto a la luz y el clima no presenta problemas. Se adapta bien a espacios soleados, de semisombra y sombra. Soporta bien tanto las altas como las bajas temperaturas. El riego debe ser regular, especialmente en verano. Lo ideal es que el terreno permanezca siempre húmedo pero sin encharcar.

La siembra suele hacerse directamente en suelo. Pero, teniendo en cuenta que el repollo requiere bastante espacio para desarrollarse correctamente, lo más recomendable es dejar un espacio libre de unos 20-30 alrededor de cada planta.

Se puede plantar durante todo el año. No obstante, si se siembra en invierno, es mejor hacerlo primero en semillero y después trasplantarlo al suelo definitivo pasadas 2 o 3 semanas desde la germinación. La cosecha se realiza a los dos meses.

Sus principales enemigos son los pulgones, las babosas, los caracoles, las orugas y algunos tipos de mariposa. Las rotaciones del repollo se pueden espaciar hasta los cinco años sin problema. Se asocia bien con multitud de cultivos, aunque cabe destacar el ajo, la cebolla, los tomates, los calabacines, los pepinos y las legumbres en general. No obstante, se debe evitar plantarlo junto a la fresa.

## Sandía (*Citrullus lanatus*)

Existen muchas variedades de sandía, pero todas requieren unos cuidados similares. La sandía necesita un suelo ligeramente ácido y con buen drenaje. Necesita mucho abono, tanto antes de la siembra como durante la fase de crecimiento. La mejor opción es el estiércol maduro o el compost.

*La sandía es una de las frutas más típicas del verano. Además de aportar muchas vitaminas, también nos hidrata gracias a su alto contenido de agua.*

Necesita mucha luz y calor. Lo mejor es ubicar este cultivo en un lugar donde reciba la mayor cantidad posible de horas de sol directo. El riego debe ser regular y generoso. Es muy importante que no se mojen ni las flores ni los frutos, por lo que la mejor opción es el riego por goteo con el gotero cuidadosamente ubicado junto a la base de la planta.

Respecto a la siembra, se aconseja hacerla en semillero a principios de primavera. A mediados o finales de primavera se trasplanta a su lugar definitivo. El viento le puede afectar bastante, por lo que se recomienda colocar alguna estructura que proteja el cultivo de las ráfagas más intensas. Mejor todavía si el cultivo se ubica en un lugar protegido del viento pero donde reciba abundante luz al mismo tiempo.

Durante el cultivo es importante vigilar la polinización. Al igual que sucede con el melón, si es necesario se puede realizar de forma manual utilizando un bastón de algodón o un pincel de pequeñas dimensiones. La cosecha se hace a los tres meses, justo cuando empieza a secarse la planta pero no el fruto.

Sus principales enemigos son las enfermedades causadas por hongos. En este sentido, es muy importante vigilar correctamente la humedad y, si es necesario, elevar los frutos sobre algún tipo de estructura para evitar el contacto directo con el suelo. Se recomienda la rotación anual. Al igual que el melón, se asocia bien con casi cualquier tipo de hortaliza excepto con otras cucurbitáceas.

## Tomate (*Lycopersicon esculentum*)

Su origen es americano y, actualmente, es una de las hortalizas más consumidas en todo el mundo. Además, cuenta con numerosas variedades, aunque los cuidados son similares en todos los casos.

El tomate se adapta bastante bien a la mayoría de suelos. No obstante, necesita que esté bien drenado y que sea mullido. Además, prefiere los suelos ligeramente ácidos, aunque no es imprescindible.

Necesita bastante abono, especialmente en las primeras fases de crecimiento. Se recomienda añadir compost o estiércol al suelo durante la preparación del terreno y añadir pequeñas cantidades de compost de manera superficial durante la fase de crecimiento. No soporta el frío ni el exceso de humedad ambiental.

*La característica más conocida del tomate es su intenso color rojo. Sin embargo, si no recibe suficiente luz directa, no madura y permanece de color verde.*

El riego debe ser abundante. El sustrato se debe mantener siempre húmedo pero sin encharcamientos, por lo que es importante asegurar que cuenta con un buen drenaje. Debido a que necesita humedad constante en el suelo pero no en el aire, el riego por goteo se presenta de nuevo como la mejor opción para esta hortaliza.

Hay que tener en cuenta que el tomate es especialmente sensible a la clorosis. Por ello, la mejor opción para su riego es utilizar agua sin cloro. Además, hay que tener en cuenta que el tomate necesita mucha luz. Por lo que hay que ubicarlo en un lugar donde reciba la mayor cantidad posible de horas de sol directo.

La siembra se realiza en semillero, protegido del frío. La siembra se hace a mediados de primavera. Se trasplanta a su lugar definitivo cuando se tenga la certeza de que no hay heladas (el tomate no soporta el frío y las heladas suelen acabar con él en una sola noche).

El tomate necesita bastante espacio para desarrollarse correctamente, por lo que es preferible plantarlo en suelo. No obstante, algunas variedades (por ejemplo, los tomate cereza) se pueden cultivar en macetas grandes. Durante el crecimiento de la planta se deben colocar guías o tutores para mantener erguida la mata. Además, también es importante retirar las ramas y hojas secas o en mal estado a medida que la planta se desarrolla.

La cosecha se suele hacer a los 2 o 3 meses (dependiendo de la variedad). Los tomates se deben cosechar cuando estén rojos. En el caso de que los frutos no consigan enrojecer y se mantengan verdes, lo más probable es que no reciban la luz directa suficiente. En este caso, se pueden retirar algunas hojas para facilitar que la luz llegue al fruto y madure.

Sus principales enemigos son los pulgones, la mosca blanca, algunos tipos de gusano y las enfermedades causadas por hongos. La rotación de este cultivo se debe hacer de media cada 3 o 4 años. El tomate se asocia bien con el ajo, la cebolla y el puerro. Se debe evitar plantarlos junto a otras solanáceas.

## Zanahoria (*Daucus carota*)

Se trata de un cultivo de origen mediterráneo, aunque actualmente extendido por todo el mundo. La zanahoria necesita un suelo ligero y profundo. Preferiblemente arenoso o que combine a partes iguales arena y arcilla. No necesita demasiado abono. No obstante, si se abona, hay que evitar usar estiércol. En su lugar es mejor utilizar directamente compost.

*Cultivar zanahorias es bastante fácil, por lo que es una buena opción para iniciarse en la agricultura ecológica.*

Se trata de un cultivo muy versátil y que se adapta bastante bien a la mayoría de condiciones climáticas. No obstante, prefiere las temperaturas frescas y las zonas de sombra. Es mejor ubicarla en un lugar donde no reciba luz directa.

La siembra se puede realizar en cualquier momento del año, aunque primavera y otoño son las épocas más recomendables. Se pueden cultivar tanto en suelo como en maceta. Pero si se opta por maceta es mejor escoger macetas con bastante profundidad para que la raíz pueda desarrollarse sin problemas.

La cosecha se puede hacer a partir de los dos meses. Sin embargo, hay que tener en cuenta que, si no hace demasiado calor, la raíz de la zanahoria se mantiene en perfectas condiciones mientras está enterrada. Por ello, la cosecha se puede espaciar sin problema si las circunstancias lo permiten.

Su principal enemigo es la mosca de la zanahoria. La rotación de este cultivo se debe hacer cada 4 o 5 años aproximadamente. Se recomienda asociarlas con la cebolla, ya que ambos cultivos se protegen mutuamente. No obstante, también se asocia sin problemas con el ajo, el puerro y el tomate.

## 24. Conclusiones

Espero haber conseguido que este libro sea útil y práctico para el lector. Espero que el agricultor principiante haya encontrado en estas páginas una herramienta útil. Tanto a la hora de adquirir una base general para trabajar su huerto urbano y ecológico como a la hora de tener un manual de referencia al que poder acudir ante cualquier duda que le pueda surgir.

A lo largo del libro hemos profundizado sobre los diferentes temas que todo agricultor neófito debe conocer: las herramientas y materiales más habituales en un huerto, la importancia del sustrato, el abono, el riego y el drenaje, la importancia del desherbado, cómo enfrentarse a las plagas y enfermedades más habituales del huerto, así como algunas de las principales características de los cultivos más comunes en la mayoría de huertos urbanos.

Todo ello, desde la perspectiva de la agricultura ecológica. Una agricultura responsable y sostenible. Una agricultura que busca minimizar su impacto en el medio ambiente y obtener productos más seguros y nutritivos para nuestra salud.

Además, espero haber despertado en el lector el gusto y la pasión por este tipo de agricultura que, más allá de los importantes beneficios que tiene para el planeta y para la propia salud humana, también constituye una actividad con un trasfondo que algunos no dudamos en calificar casi de "espiritual". Una actividad que nos vincula de nuevo con la propia Tierra, con las estaciones y con la naturaleza. Una naturaleza con la que no debemos competir sino colaborar. Una naturaleza de la que formamos parte y en la que encontramos todo lo que el ser humano necesita para ser feliz. Ahora y en el futuro.

# 25. Recursos

## Recursos bibliográficos

- AA.VV. *El huerto orgánico y ecológico*. Susaeta Ediciones. Madrid, 2014.

- BUENO, Mariano. *Manual práctico del huerto ecológico*. La Fertilidad de la Tierra Ediciones. Estella (Navarra), 2019.

- CASANOVAS, Ester. *Hortelanos de ciudad*. Ediciones Invisibles. Barcelona, 2014.

- CHEVALLIER, Andrew. *Enciclopedia de plantas medicinales*. Penguin Random House. China, 2017.

- CHO, Youngsang. *JADAM Agricultura Ecológica*. JADAM. Corea, 2019.

- PRUNEAU, Alain. *El cultivo ecológico*. Susaeta Ediciones. Madrid, 2016.

- VÁZQUEZ, Iván. *Huerto urbano para todos*. Ediciones Oberon. Madrid, 2019.

## Recursos digitales

- La Huerta de Iván: **https://www.lahuertadeivan.com**

- La Huertina de Toni: **https://www.lahuertinadetoni.es**

- Planeta Huerto: **https://www.planetahuerto.es**

- Picarona Blog: **https://www.picaronablog.com**